話し方の一流、二流、三流

嶋津良智

はじめに

「嶋津さんは本当に引き込まれるような、わかりやすい話し方をしますよね」

「どうやったら嶋津さんのような魅力的な話し方ができるんですか?」

「嶋津さんは、どうしてそうやって人の前でも堂々と説得力のある話ができるんですか?」

と大変ありがたいことを言っていただく機会があります。

そこでこの本では、まがりなりにもプロスピーカーのはしくれとして、魅力ある話し方・伝え方についてお話ししたいと思います。

まず、お話ししなければならないのは、

「私だってすぐに手に入ったスキルではない」

ということです。

話し方とはスキルだからこそ、

「人に何かを伝えるときの心構え」と「伝え方のスキル」を身につければ、「誰でも……」という、よくあるインチキ的なことを言うつもりはないですが、相当数の人が、わかりやすい話し方や伝え方ができるようになるんです！

なぜ私がそう言い切るかといいますと、じつは私は、人見知りが激しいうえに、あがり症です。コントロールする術を知ったので（克服はしていません）、今があるのです。

この本では、私なりに意識していることをお伝えしていきますので、一般のノウハウ本に書いてあるような内容とは全然違うことが書いてあるかもしれませんし、逆にどこにでも書いてあるようなオーソドックスなことかもしれません。

けれども、私が実際に心掛けてきたことを、一つずつ誠意を込めてお知らせしています。

読者の皆さんには、気になった部分だけでも参考にしていただければと思います。

一流とは、理想を語れる人

この本に記したことの中には、私にもまだ完璧に実践できていないことも含まれています。しかし、そうした事柄も書いた理由は、**一流とは、理想を現実化するために努力できる人**だという信念があるからです。

講演をされるある方に質問したことがあります。

「あなたは講演で、理想論を語りますか？　それとも現実に即した話だけをするのですか？」

するとその方は、

「講師は理想を語らないとダメなんだよ」

と間髪を入れずに答えてくれました。

「講師が受講生と同じところへ立ってはいけない。高い視座に受講生を引っ張り上げる努力をすることが、講師の講師たる所以です。同じ視座で共感だけ得られても、意味がないんです」

その言葉に私は、自分がそれまでに無意識に実践していたことに、明確な回答が得られたように思いました。

私自身、こうありたいと思いながらまだできていないことが、たくさんあります。

そんな私が「一流はこうあるべき」と語るのは、自分が目指している理想の姿を明らかにするためです。

理想を明確にもっているかどうかは、理想を実現するための絶対条件なのです。

できているかどうかはさておき、まず理想を掲げていなければ、方向がわからないので、そこに向かって行動することはできません。

また、理想を掲げるとは、目指すものを知り、目指すものと現在の距離を知り、これまでの努力がどれだけ実を結んでいるのかという努力の効果を知ることでもあります。

効果を知るためには、目的地がわからなければ、測れません。

目的地が2キロ先ならば、1キロ進めば半分まで到達したことになります。しかし目的地がどこだかわからなければ、その1キロが全体のどこまで達したのか想像もつきません。それどころか、先が見えないために、前へと進むモチベーションを失ってしまうかもしれません。

人が努力をするためには、なぜそれをするのかというモチベーションや、どういう状態を目指すのかというビジョンとして、理想というものが必要なのです。

そして、その理想を自分の言葉で語れることも、とても大切です。

一流とは、努力ができる人

自分の理想をもっていても、努力を続けられないと二流で止まってしまいます。

また、理想がどこにあるのかを示されても、「それは理想だよ」と、努力することも諦めてしまうと、三流に陥ってしまいます。

元・メジャーリーガーのイチロー選手はインタビューに対して、「何をもって天才というのかわからないけれど、努力せずに何かできるようになる人のことを『天才』というのなら、ボクはそうじゃない」

というようなことを言っていたそうです。イチローさんのように超一流の選手でも、理想に向かって努力しなければ、一流にはなれないのです。

講演をしていると、一流と、二流三流との差が、歴然としていることがわかります。

例えば、話し方についての講演を聞いているとしましょう。その時、

「こういう話し方ができたらいいよね。だからこういう努力をしてみよう」

と考えて努力を始める人は、すぐに魅力的な話し方ができるようになります。講演を聞いて理想がわかっても、努力しなければ始まらない。だから努力できる人が一流なんです。

でも、

「そういう話し方ができたらいいなあ」

で終わってしまい努力できなかったり、努力しようと決めてもなかなか続かない状態は二流です。

「すばらしかった。よかった。目から鱗が落ちた」

とポジティブなメッセージを受け取ったのに、

「言っていることはわかるんだけど、うちには向かないよね」

「言っていることはわかるんだけど、現実はそうはいかないよね」

という結論を自分で導いてしまい、努力しようともしないと、三流レベルになってしまいます。いつまでもスタートラインにすら立てないからです。

一流になるには、やっぱり、本人の努力が必要です。だからこそ、私は努力をする人たちのために、講師の務めとして目指す理想を掲げているのです。

凡人でも一流になれる！

私は、凡人中の凡人です。でも、自分の強みは、自分が凡人だと受け入れていることにあると思っています。

私は弱い人間なので、昔から強い人間に憧れてきました。格闘技を見ることが好きで、自分でもやりたいと思いながら、厳しそうだからいやだな、と逃げる理由を考えるのが得意でした。

ところが、40歳前後に人生のステージの変革がありました。そして朝から晩まであくせく働く環境から多少は解放されて時間ができたのです。そこで、思い切って長年の思いを叶えようと、少林寺拳法を始めました。

習い始めたからといって、すぐに強い男になれるわけではありません。体を鍛えながら「強い男って、本来はどういう男をいうんだろう？」

と考えていくうちに、

「心の強さもあいまって人の強さというのではないか。心だけでも力だけでもダメだ」

と思い至りました。

そこから、心と体の両方を磨き上げるための努力が始まりました。


振り返ると、私がビジネススキルを身につけていった過程もそうでした。社会人になりたての頃から、あまりにもできていないことが多かったので、では本来はどうあるべきなんだろうと常に考えていたのです。

少しずつビジネススキルが身につき、部下をもつような立場になってからは、今度はコミュニケーションスキルについても考えるようになりました。

「部下とどうやって接するのがいいんだろう？」

「思いつきで接して失敗したけれど、本当はどういうやりとりをすればよかったんだろう？」

と、自分ができていないからこそ、本来あるべき姿を考えるようになり、その過程で少しずつ、理想を思い描くようになりました。

そのようにして考え抜いた理想を掲げて、そこに向けて努力を続けることで、一歩ずつ理想に近づいていくことを学んできたのです。

もし私が最初から一流だったのならば、一流へ至る努力の過程とはどのようなものであるべきかを、我が身をもって知ることもできなかったでしょう。

一流の話し方

このようにして、私が自分のビジネス人生で少しずつ考えてきた「理想像」の中から、この本では話し方についてお話しししていこうと思います。

コミュニケーションとは、人間関係の基本スキルです。そして、社会は複雑な人間関係によってできあがっています。家族、友人、職場、学校、地域、趣味……人が集まるさまざまな場は、それぞれが小さな社会です。そのすべての小さな社会で必要な、基本的なスキルがコミュニケーションなのです。

「話す」というのは、誰もが使うコミュニケーションですが、人によってスキルのレベルは異なります。高いスキルが身につけば、魅力的で〝伝わる〟話し方ができるようになり、あなたが関わる社会が快適に進むようになります。
一流の話し方をしていけば、あなたの人生も上質のものになるんです。

また、コミュニケーションは目的を達成するためにも重要です。人は起きている時間の80％は何らかの形で人と関わって生きているといわれています。さらに仕事は1時間のうちの24分は人と関わることで成立しているといわれています。そこに発生するのがコミュニケーションです。一流のコミュニケーションができるようになれば、目的に向けて正確でスムーズな意思疎通ができるようになり、効率的・効果的に目的に到達することができるようになります。そこで、どう伝えていくか、つまり「話し方」が重要なのです。

すでに申し上げたように、スキルアップの努力を積み重ねることで、魅力的で〝伝わる〟話し方を身につけることができるのです。そして私も、高い理想の実現を目指して努力を積み重ねている途上の一人です。
一緒に、一流の話し方を目指していきましょう！

話し方の一流、二流、三流　もくじ

Chapter 2 本音が聴ける話し方

Chapter 3

「認められた」感に充たされる話し方

Chapter 4

喜んで動きたくなる話し方、導き方

Chapter 5

周囲を巻き込む話し方

カバーデザイン：小口翔平（tobufune）
カバーイラスト：山崎真理子
組版：システムタンク（野中賢・安田浩也）
校正：鷗来堂

Chapter 1

心地よい「話す場」を作る

感情マネジメント

三流は、偽善者になり、二流は、自分の機嫌をとり、一流は、どう感情をつくる？

一流のコミュニケーションができる人は、感情を作ることが上手です。

なぜなら、**成果をうむのはポジティブな気持ち**であることを知っているからです。

人の行動のスタートラインは、感情（気分）です。

感情（気分）がポジティブであるときのほうが、ものごとをポジティブに受け止められます。だから、少々悪い話を聴かされてもポジティブな気持ちで受け止められます。

友達との待ち合わせに向かう電車の中で、

「ごめん、寝坊して待ち合わせに遅れそう！」

とメッセージが来た時でも、気分がよければ、

「じゃあ、私もゆっくり行くから大丈夫だから、気をつけて来てね」

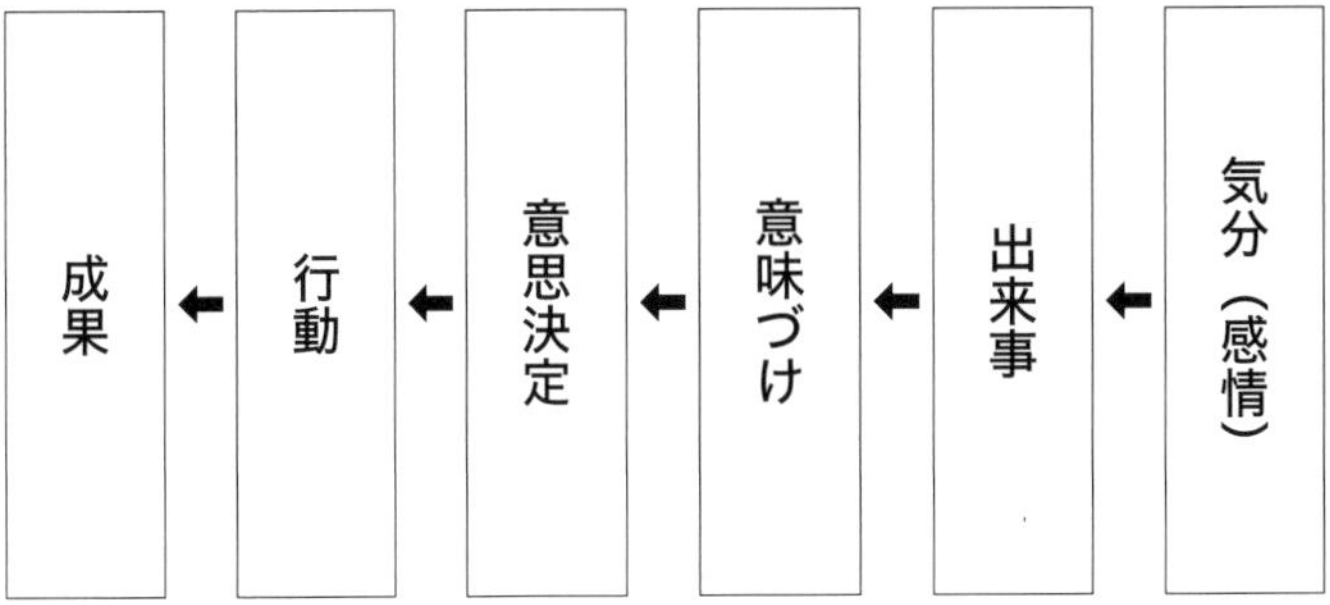

なんて、相手に気を遣わせない返事ができますよね。

たいていの人は、自分の行動や考えを支配しているのが、感情だということに気づいていません。しかし、図で示したように、感情と成果は連鎖しています。

ポジティブな気分が、ポジティブな話し方につながり、良い成果に結びつく。

これが私の、感情マネジメントの方程式なのです。

だから私は、コミュニケーションで特に大切なことの一つは、ポジティブな感情でいることだと考えています。

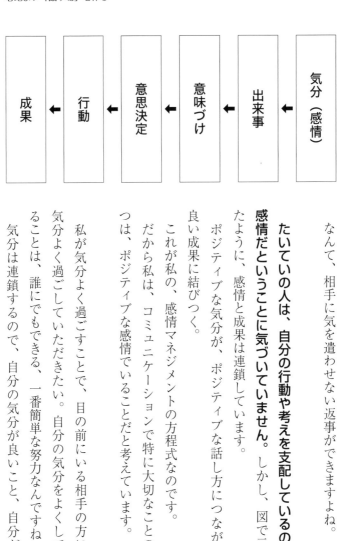

私が気分よく過ごすことで、目の前にいる相手の方にも気分よく過ごしていただきたい。自分の気分をよくしていることは、誰にでもできる、一番簡単な努力なんですね。

気分は連鎖するので、自分の気分が良いこと、自分が幸せな気持ちであることは、コミュニケーションの出発点です。ですから、私は朝目が覚めたらまず、家族を含めたその日に会う予定の人を思い浮かべて、自分も気分がよくなって相手の気分も良くしたいとイメージしています。

自分が気持ちよくなれるのはどんなときか。とことん考えると、**自分だけではなく、周りの人も幸せなとき**じゃないかと思います。

「自分たち」の気分をよくするには、まず自分の感情をコントロールする。そうすると、「自分だけ」でなく「自分たち」が皆、気分のよいコミュニケーションをとれるようになります。皆を幸せにするんですね。そう考えて、まず自分の感情をコントロールする努力を積み重ねてみましょう。

どうしても落ち込んでしまう時もありますよね。そんなとき私は、一人でいるようにします。一人でいる時間にリフレッシュすることで、周囲の人たちとのコミュニケーションにネガティブな感情を持ち込まないようにしているのです。

ぜひ、試してみてください。

Road to Executive

一流は、「自分たち」を気持ちよくする

☑ まず、自分の気持ちを
コントロールする

言葉選び

三流は、ネガティブ、二流は、バカポジティブ、一流は、どんな言葉を使う？

私は自己肯定感が高いと思われることも多いのですが、じつは皆さんが想像しているほどは高くはありません。強いて言えば、自己肯定感が高いフリはうまいです（笑）。それが身についているので、自己肯定感の高い人だと思われるのでしょう。

秘訣は、ポジティブな言葉を使うように心がけていることです。対話の相手が前向きになるような話し方を常に意識していますし、たとえ相手がミスをしたような時でも、良い未来をイメージできるような言葉をかけるようにしています。

なぜなら、人というのは、**自分が発した言葉とイメージに支配される生き物**だからです。

人は、自分では気づいていなくても、未来を現実化させようとして日々を生きています。その人が現実化させようとしている未来とは、その人が話していることそのものなのです。

これは言語相対論という考え方なのですが、人は話す言語によって行動が支配されてしまうのです。使う言葉によって人は思い込んでしまい、その思い込みによって、未来も決まってしまうということです。

ということは、

「そうなるといいけど、やっぱり無理だよ」

「いくらやったって、変わらないよ」

なんていうネガティブな言葉を使うのは、呪いの言葉を浴びせかけるのと同じ。相手を不幸にするコミュニケーションです。

私の研修では「言葉って大切だな」と思ってもらうために、ペアになってもらってこんなワークをすることがあります。

ペアになった一方に、「めんどくさい」「つかれた」「もう無理」「どうせ自分なんか」「でも、だって」……と次々にネガティブな言葉を言ってもらうのです。そして、言った人と言われた人、それぞれにどう感じたか考えてもらいます。

次に、同じように「必ずできる」「やる」「楽しい！」「最高！」「気持ちいい！」「素敵！」……と、ポジティブワードを言ってもらい、またそれぞれに感じたことをまとめてもらいます。

これは現実のコミュニケーションではありません。でも、ワーク後に感じたことを発表してもらうと、ネガティブワードではネガティブな気持ちに、ポジティブワードではポジティブな気持ちになると、皆、口を揃えて言います。

ワークでもこんなに影響があるのですから、日頃から無意識にたびたび使っていると、ますます影響は大きくなります。同じ内容を伝える場合でも、ネガティブワードを使った時と、ポジティブワードを使った時とでは、相手の受け取り方も、思い込み方も、まったく変わってしまうと思いませんか？

未来のことも、無理だろう、変わらないだろうと思っているから、それが現実になっている。それならば、未来を書き換えればいいのです。

「今度はできるよ」

「次は成功するよ」
という言葉をかけると、人の脳はそれを未来だと思い込みます。するとその未来を現実にしようとして、行動もおのずと変わります。

気をつけたい言葉もあります。それは、無責任なバカポジティブな言葉。
「大丈夫、大丈夫」というような、口先だけの前向きっぽい言葉です。現実を考えて言った言葉じゃないので、所詮、人ごとなんです。それに大丈夫じゃないことになっても、対処しきれません。それって、無責任以外の何者でもないですよね。

本当のポジティブとは、現状を的確に把握して、良い面を捉えるだけでなく最悪のことまで考えて、「こういう風にしたら最悪の事態は回避できるから、こうやっていこう」と考えた結果、「だから大丈夫」という、明るい言葉に至るのです。でも、バカポジティブは現状を把握せず自分に都合よく考えて、考えなしに前向きな行動をしてしまいます。

ポジティブな事例として私がよくとりあげるのは、松田公太さんがタリーズコーヒーを創業した際のエピソードです。事業が失敗する最悪のケースを考えた結果、負債がいくらになり、それをどうしたら返せるかまで考えて、大胆な行動をとれたというのです。マイナスのゴールをリアルに把握してこそ、本当の意味でポジティブな判断ができるものなのです。

人生や成果を変える三大栄養素は、**「良い言葉、良い学び、良い思い込み」**です。この3つを心がければ、未来は書き換えられるんです。友達、恋人、同僚、夫婦、どんな関係でも良い未来を実現したいのなら、良い言葉で未来を描き、良い学びで実現する手段を知り、良い思い込みでポジティブな行動を選びとっていけば良いのです。

「良い言葉、良い学び、良い思い込み」を満たしたコミュニケーションは、相手に良い未来を用意する、一流のコミュニケーションなのです。

Road to Executive

一流は、ポジティブな言葉を使う

ポジティブな言葉で
未来を書き換える

感情の把握

三流は、第二感情で話し、二流は、黙り、一流は、何を伝える？

高校生のお嬢さんとの折り合いが悪いという男性が、セミナーにいらしたことがあります。彼の話をよく聞いてみると、お嬢さんの帰りが遅いと、つい、

「お前、今何時だと思ってるんだ‼」

と、怒鳴りつけてしまうんだそうです。

「その怒りは第二感情ですよね。その怒りは、どこから来ている感情ですか？」

と私が聞くと、

「大切な娘だからこそ、帰りが遅くて何かあったんじゃないかという心配からきているんじゃないでしょうか」

との答え。それなら、「大切だ」「不安だ」という第一感情で話したらどうでしょうか、

とお話ししました。

数日後、いつものように娘の帰りが遅くてイライラしていたお父さん。やっと帰ってきた時に怒りそうになりましたが、私との会話を思い出して

「何かあったのかと心配したぞ。何もなくてよかった。遅くなる時は一本連絡してくれると安心するから、連絡してくれるかな」

と、心配する気持ちを素直に伝えました。いつもは「娘の帰宅が遅くて、父が怒鳴る」の繰り返し。それが突然、そう言われてお嬢さんはとても驚いたようでした。お父さん自身は、自分の素直な感情を伝えられて、気持ちよかったそうです。いつもはふてくされて自分の部屋へ行くお嬢さんも、その時はさすがにバツの悪そうな顔をしていたそうです。

怒りの感情は、多くの場合、第二感情です。不安、ストレス、痛み、悲しみ、苦痛、絶望、悲観、期待、願望……といった第一感情が奥にあって、それが第二感情の怒りになって現れるんです。

「この怒りの第一感情は何か？」と考えると、怒りという第二感情を発散する三流のコミュニケーションでもなく、その場で感情を飲み込んで怒りも心配も伝えないという二流のコミュニケーションでもなく、まったく違う本当の感情に気づいて伝えられるはずです。

「今、玄関のドアを乱暴に閉めたよね。大きな音がしてびっくりしちゃったし、ご近所にも迷惑だよね。この前もドアは静かに閉めてねって言ったばかりなのに、また同じことをしたのは残念だな。次は気をつけてね」

「先週の打ち合わせでこの仕事は事前に各セクションの合意をとっておいてってお願いしたけど、その通りにしてくれなかったことが、正直残念。スムーズに進めば、部長からもあなたの調整能力が評価されると思ってお願いしたんだけど」

そんな、**第一感情を素直に伝えられること**が一流のコミュニケーションです。

Road to Executive

一流は、第一感情を伝える

☑ 本音の感情を大切にして、伝える

アンガーマネージメント

三流は、感情を爆発させ、二流は、感情を抑えこみ、一流は、どうする？

人間には感情があります。喜怒哀楽の表現は、人間らしさともいえます。

ですから、感情を表現することは、悪いことではありません。

ですが、使い方を間違えてしまうと、人間関係を壊してしまったり、仕事を失ったり、お金を失ったりと、まるで事故のような不運な出来事を招いてしまうことがあります。

特に使い方の難しい感情が、怒りです。ちょっとイライラして言った、

「バカ！　なんでそんなことするの！」

「何やってんだよ！　それじゃダメだろ！」

「いっつもそうじゃん！」

「何度言わせるんだよ！」

なんて言葉が、大きな事故を引き起こしてしまうことがあります。

そこで、一流のコミュニケーションのためにおすすめするのが、熱くなってきそうだなと感じたら、**回路を切り替えること**です。

怒りを声に出してしまうと、その勢いで、感情は一気に爆発してしまいます。ですから、とにかく一旦、黙ってみましょう。心の中で10数えたり、怒りがうずまいているその場を離れるのも良い方法。

私は、ママ向けのセミナーで話す時、

「子供に怒りをぶつけそうになったら、何の理由がなくてもいいですから、一回、キッチンへ行くようにしてみてください。何の理由がなくてもいいですから、冷蔵庫を開けてみてください。何の理由がなくてもいいですから、頭を冷蔵庫へ突っ込んでみてください。その後、子供のことに戻ってみてください。すると、『私は今から、怒ろうとしているんだな』と、自分の心と客観的に向き合えるようになります。文字通り頭を冷やすわけです。これくらい意識してやってみるといいですよ」と話しています。

スポーツを観ていると、勝負の流れが相手に有利になってきたら、タイムアウトを取りますよね。「間」は、流れを変える上で、とても有効だからです。感情も同じです。夫婦で大切な話し合いをしているときや、会社の会議で、白熱してきたら、「熱くなってきているから、ちょっとコーヒーいれるよ。休憩しようよ」なんて声をかけるのもいいですよね。タイムアウトを入れれば、感情の激しい流れを変えられます。

感情はコントロールできないと思い込まずに、**感情コントロールとはスキル**なのだと知りましょう。そして、一度二度試してうまくいかなくても、諦めずに訓練していきましょう。スポーツや楽器演奏で一流になるためには、トレーニングが必要ですよね。コミュニケーションで一流になるためにも、トレーニングが必要です。うまくなるには、教わって終わりでなく、トレーニングをして、トライアンドエラーを繰り返しながら、自分のやり方になじませていかなければ、使えるようにはなりません。どんなに素晴らしいコーチから指導を受けたとしても、話を聞いただけでは、すぐにうまくならないのは、コミュニケーションでも一緒なのです。

Road to Executive

一流は、感情をコントロールする

☑ イライラに「待った」をかける

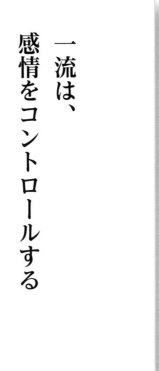

相手の立場になる

三流は、感情の暴力を使い、二流は、自分都合で話し、一流は、どんなふうに話す？

感情は、使い方を間違えると暴力になってしまいます。

暴力とは、力によるものだけではありません。言葉によるものや怒りという感情をぶつけるものも暴力です。

自分がミスをしたとき、

「この前○○しろって言っただろ！　できてないじゃないか！」

と頭ごなしに怒られたら、パワハラですよね。ストレスを感じるし、場合によっては恐怖を感じるかもしれません。

人間は感情を選んでいる生き物です。常に感情的に動いているように見える人でも、じつは相手によって感情を使い分けています。

例えば、部下に対してすぐに怒りを爆発させる上司が、社長に対しても同じように怒りをぶつけているでしょうか。そうした人は、社会ではあまり見かけませんよね。

「この人には怒っていいんだ」「この状況は怒っていいんだ」と自分に怒ることを許可した結果として、人は怒っているのです。

ですから、自分は怒りっぽい性格だと自覚している人でも、感情のコントロールは必ずできるようになります。


夫婦や恋人、親子きょうだい、親友など、関係性が近ければ近いほど、相手ならわかってくれるだろうという甘えがうまれることもあるでしょう。でも、**「親しき仲にも礼儀あり」というのは、基本的な人間関係円満のコツ**ではないでしょうか。


その時どんな理由で相手がそうした言動をしたのかをまず第一に考えて、

「今○○していたけど、何か理由があったの？」

「あなたが○○したのはなんで？」

「〇〇した理由を教えて」

と尋ねるのが、一流のコミュニケーションです。

理由がわかれば、

「そうなんだ、それじゃ次回から〇〇のところを気をつけてね」

で終わる話かもしれません。逆に、大きな問題が潜んでいたのだったら、再発防止を考えなければ、いずれもっと大きな困ったことが起きてしまうでしょう。

感情の暴力が繰り返されると、次第に相手とは、頭の中の共有ができなくなってしまいます。

「何かあった時は、話してくれるだろう」

と思っていても、一方的に叱り飛ばしたり自分の考えや思いを伝えてくる相手と、自分の言い分をちゃんと聴こうとしてくれる人とでは、どちらを信頼して、いざというときに相談をするでしょうか?

怒りよりも前に、「何があったのか?」を自分から進んで知ろうとしないのは、コミュニケーションの職務怠慢です。

Road to Executive

一流は、
相手の言い分を聴いてから話す

☑ 相手にも理由があると考える

相手の尊重

三流は、不機嫌のまま、
二流は、出し惜しみし、
一流は、何を渡す?

人とのコミュニケーションは、言葉と感情のやりとり。自分の気持ちを良い状態に整えて相手に接することも大事ですが、「話してよかったな」と相手が思ってくれることも大切にしたいですね。

誰かと会う約束をしている時は、せっかく今日話すことになったのだから「会ってよかったな」と相手が思えるようなプレゼントをできると良いと思いませんか? プレゼントするのは、元気や学び、楽しい気持ち。それがなければ品物でもいい。何でもよいのです。「今日、この人に会ってよかったな」と思ってもらえるものを持って帰ってもらえると、自分も幸せになります。

ですから、私は、**情報、能力、本音、どれも出し惜しみをせずに、できるだけオープン**

に何でも話すようにしています。この本でも度々出てきますが、特に講演の時は、失敗談は受けがいいんです。それは、「そんなことまで話してくれるの!?」と、オープンに話したいという私の心が伝わるからです。

情報は、人生を豊かにするために、とても大切なものです。物事をちょっといい方向に向かわせることには、必ず情報が関わっています。その情報を得るには、

「こういうの知っていますか」

「こういうのいいですよ」

と、お互いに気軽に話しやすい雰囲気が、すごく重要です。


自分が不機嫌だと、もしいい情報があったとしても、相手は言ってくれないでしょう。

また、何か有益なことを聞いた時、

「へえ、それで」

「知ってるよ」

なんて反応だと、相手もいい気持ちがしませんよね。

だから私は、自分から出し惜しみせずに楽しい気分で、なんでも話します。

仮にそりが合わない相手と2時間話さなければいけないという場合、嫌な気持ちでも2時間、生きた時間にしても同じ2時間です。一日24時間という時間は生きている全ての人に変わりない平等な権利で、しかも有限です。そこから大切なリソースを削り取ることになるんです。しかもやっかいなことに、取り返しがつきません。その貴重な時間を無駄にすることほどもったいないことはないです。

「我以外は師と思え」という言葉がありますが、どんな人からでも、必ず何か学びとれることがあるはずだと思い、状況を楽しむようにしています。自らが楽しんでいないと、相手も楽しくないですよね。相手にもよいものを持ち帰ってもらうのだって、難しいでしょう（笑）。

だから、嫌な相手と一緒に過ごさなければならないのであれば、その時間を「死に時間」ではなく「生きた時間」にしましょう。

Road to Executive

一流は、出し惜しみをせず、
話している相手に
よい気持ちを持ち帰ってもらう

☑ 嫌なシーンでも楽しむ

感情を乱さない

三流は、テイクのみ、二流は、ギブ・アンド・テイク、一流は、ギブ・アンド・何？

例えば、友達と食事にいって、

「すぐおろしてくるからお金を貸して」

って言われてお金を貸し、すぐに返してもらったとします。別の日に自分が貸してと頼むと、

「僕は貸さないたちだから。ごめん、先にお金おろしてきて」

と言われたら、あなたはどう思いますか？

「ふざけんな、俺は貸したのに、お前は貸してくれないのか」と不満に思いますか？

でもよく考えたら、自分はお金を貸すタイプで、友達はお金を貸さないタイプだっただけですよね。相手は間違っていないし、そもそも自分で勝手にギブに対してテイクを期待していただけです。**違いは違いであって、間違いではないんです。**それなのに相手を責めて

腹を立てるのは、感情の無駄遣いですよね。

自分が何かを提供したら、相手も何かを提供してくれるのが当たり前。そんな見返りを期待する心が自分で自分の感情を乱す原因を作っているんです。

「○○してくれたのに、○○してくれないのはおかしい」

「自分ばっかり与えて、相手は何も与えてくれない」

「くれるものはなんでもほしい」テイクばかりのクレクレ星人では、有益なものは得られません。見返りを期待して感情を乱すのは、二流のコミュニケーションです。

私は海外生活で、「自分の常識は相手の非常識」ということをつくづく学びました。文化の違いもあるし、考え方にも個性がある。だから、**「この人はこういうタイプ」と、良し悪しや正誤は切り離して考えるのが、感情マネジメントに必要**だとわかったんです。

一流のコミュニケーションでは、見返りを期待しません。そして、まあ、十中八、九は見返りなしの与え損なんです。でも、私の感覚値では、十のうちの一つくらいが、残りの九をカバーしてくれるような、すごいお返しになります。ですので、ギブ・アンド・ギブを意識してやり続けています。

「気にしない」という選択肢を持つことは感情マネジメントの必殺技です。相手にむかつくことをいわれても気にしない。人の目を気にしない。すると、

「マウントをとりたがる人なんだなー」

「上から目線でしかしゃべれない人なんだなー」

と気が楽になります。

もしあなたがなんでも気になってしまう人なら、**「気にする」という選択肢の裏には、「気にしない」という選択肢もある**ことを思い出すところから、まず始めてください。克服する訓練をすることで、あなたの感情の揺れも変化してきます。

「気にしない」という選択肢を通じて自分の気持ちを客観的に見られるようになったら、

「なんだか腹が立つな、でもなんで腹が立つのかな」

「ここで怒るとどうなるんだろうな、でも怒らないとどうなるんだろうな」

と冷静に対処できるようになるはずです。

Road to Executive

一流は、ギブ・アンド・ギブ

☑ 九の与え損と、一のお返し
見返りは期待しない

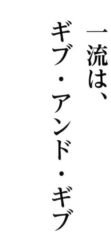

場選び

三流は、場を考えず、二流は、自分のホームで話し、一流は、どこで話す？

あなたがプロポーズをするとしたら、どこでしますか？

きっと、イエスと言ってもらえる確率が上がりそうなシチュエーションを、一所懸命考えますよね。

対話をするときは、いつでも、ふさわしい場を考えられるのが一流のコミュニケーションです。つまり、**ほしい成果を得るための場を選んで話すのです。**何も、常にホテルのティールームで話さなければいけないというわけではありません。話す内容に応じて、会社の会議室だったり、居酒屋の半個室だったり、スターバックスだったりもします。

例えば、隣で女子高校生が恋バナをしているスターバックスで減給の話をされたらどうでしょうか。「自分は大切にされていない」と感じちゃいますよね。ホテルのラウンジや、ほかの社員からの視線が遮られる会議室など、落ち着いている場所で話されるほうが良いに決まっています。

家庭でもそうです。夫婦で大切な話をしたいのに、いつも他のことに気を取られてなかなか話が進まない。そんなとき、私なら妻を
「今度の日曜日にお茶でも飲みに行こう」
と誘います。予告をして場を改めれば、相手も話を聴く気持ちが整えられるのです。場合によっては自分の席に呼んで話すほうが効果的な場合もあるでしょう。

また、ざっくばらんに本音を聴きたいときには、相手のホームを選びます。サッカーでは、本拠地をホームといいますよね。そして、サッカーの試合では、ホームチームのほうが勝つ確率が高いというデータがあるそうです。

たとえ、お互いの表面的な部分や一部分だけを見て、きちんと向き合っていなかった間柄でも、本音を話してもらえるように場を用意して、相手の話をじっくりと聴くコミュニ

ケーションを心がけると、関係性を改善することもできるのです。また、照明を少し落としたほうが、内面的な話がしやすくなる効果もあります。

座る場所も、会社の上司・部下、年上・年下、親子などの関係性においては、正面で向き合うと圧がかかり相手も話しにくくなるので、本音を引き出すためにはお互いに目の前に相手がいない状態にするとよいです。斜め横（90度）に座れば、目を見て話す時は顔を向ければいいし、視線をずらすには前を見ればいいからです。

話す場所によって、相手の感情は変わる。

このことを知り、ほしい成果を得られる確率の高い場所を選ぶことが重要なのです。

Road to Executive

一流は、ほしい成果の得やすい場で話す

☑ 話す内容に応じて、ふさわしい場を考える

Chapter 2

本音が聴ける話し方

傾聴姿勢

三流は、言葉を聞き、二流は、耳で聞き、一流は、どんな態度で臨む？

コロナ禍のマスク生活や、オンラインでのミーティングで、なんだかコミュニケーションがやりにくいなぁ、と感じてきた人は、きっと私だけではないでしょう。

オンラインで研修をやるようになって私がやりづらいなあと感じるのは、受講生が集中しているかどうか、話を理解しているかどうか、といった「場の雰囲気」がわかりづらくなったことです。それもそのはず、人間のコミュニケーションでは、**ほとんどのメッセージは目線や態度から発せられる**からなんです。オンラインだと一人ひとりの表情や態度がよく見えないので、「場の雰囲気」がつかめないわけです。

「メラビアンの法則」という心理学の法則によると、コミュニケーションでは、話の内容による影響力はわずか7%。残り93%の情報は、55%を相手の表情や服装といった見えることから、38%を口調や速さといった言葉の内容以外の音の情報から受け取っています。

つまり、言葉では想像以上に情報を伝えられないし、受け取れない。だから、一流のコミュニケーションでは、言葉以外のメッセージを発信し、受け取らなければならないのです。


傾聴という言葉がありますよね。この「聴」という漢字は、「耳」「＋」「目」「心」でできています。**耳だけでなく目と心も使ってやっと100%なのです。**

また、耳を傾けるという言葉がありますが、耳だけでなく目と心も、つまり体ごと相手に傾けて、初めて傾聴になるのです。


興味を持っていると、人は自然にその方向へ、体が傾いていきます。リビングのテレビで、興味のかけらもない番組が流れていても、ちらと見たらもう目を向けないでしょう。消してしまうかもしれません。ですが、好きな番組が流れていたら、思わず目や耳をそちらへ向けますよね。

興味があれば目や耳を傾ける。興味がなければ傾けない。それくらい、人間の行動は単純なものなんです。

同時に、体を傾けず、そっぽを向いたままの姿勢は、「興味をもっていません」「感情を向けていません」というメッセージになります。

妻が「相談があるんだけど」と話しかけた時、夫がテレビを見たまま、「何?」って返事をしたら、ちゃんと聞いてくれていないと感じますよね。でも、テレビを消してちゃんと顔を見て「何?」と返事をしたら、ちゃんと聴いてくれるつもりだな、と感じますよね。私の上司にも、「相談があるんですけれど」と話をしたら、仕事の手を止めて、上司と私の間にものがあればそれをわざわざよけて、「なんだ?」と聴いてくれる人がいました。その姿に、いつも安心して相談ができたことを思い出します。

私は息子に「話をする時には目を見て」と言って育ててきました。テレビを消して、向き直って話せば、幼い子供でもきちんと話を聴いてくれます。それに親が自分の話をきちんと聴いてくれていることも理解できます。今でも、大切な話をするときには、「ちゃんと目を見て聴いてくれるかな?」と言ってから話を始めています。

Road to Executive

一流は、自分の態勢を整える

☑ 耳と目と心で聴く

建設的な議論

三流は、逃げ、二流は、勝負し、一流は、どんな態度をとる？

あなたは、何か問題が起きた時に、逃げずにちゃんと話し合えますか？

「こうじゃないかなぁ」「いや、こっちのほうがよいのでは」「私はこう思うんだけど」そんな話し合いを交わした結果、ベストな対応策がうまれるものです。

ところが、こうしたやりとりをめんどくさいとか、摩擦や対立が起きることが嫌と感じる人もいます。批判を恐れて見て見ぬふりをするという人もいます。ことなかれ主義であったり、あたりさわりのない返事をするような人もいるでしょう。

摩擦や対立が起きたり、批判されたりするリスクを冒してまで、人が話し合うのは、問題を解決するためです。逃げてしまうとその場は逃げられたとしても、さらに問題が大きくなってしまったり、判断が後手になったりすると、問題解決はどんどん遠くなります。

それに、話し合いを乗り越えなければ築けない関係性もあります。


逃げずにちゃんと向かい合って話をするとはどういうことでしょうか。

あるとき妻から、親子の仲が悪い数組の家族の話を聞いたことがあります。妻の話を聞いているうちに、私は彼ら・彼女らの共通点は、親が子供から逃げてしまって、向かい合って話をしていないことだと感じました。

私には高校生の一人息子がいて、こういうと手前味噌ですが、父子の仲がとても良いんですね。それは「父親として、息子とのコミュニケーションから逃げない」という信念をもって、息子と接してきたから築けた仲なのだと思っています。


コミュニケーションから逃げると、その時は摩擦を避けられるかもしれません。でも、摩擦を恐れていると、やがては大きな亀裂に至ってしまいます。

また、話し合いを行うと、必ず自分が勝とうとする人もいます。

「いや、そう言うけど、さっき言ったことと矛盾してるじゃないか」

「俺が言うことに反論するなら、代替案を出せよ」

などと論破してこようとする人。「ベストな結論を出す」という本来の目的を忘れて、自分が勝つか負けるかになってしまうタイプ、いますよね。

自分の発言に対する批判を、「自分が否定されている」と感じて自分の心を痛めるから、人は批判を恐れて、論破して勝とうとします。でも、自分の発言は、自分自身ではありません。**自分の発言を批判されても、自分を否定されているわけではないのです。**

話し合いをするときは、本来の目的を忘れずに、人の意見に耳を傾け、相手の思いや感情に配慮しながら批判を恐れずに発言してみてください。話し合いは、戦いでも傷付け合いでもありません。解決方法を見出すことを目的とした、コミュニケーションなのです。

「そういう考え方もあるね」

「あなたの意見のこういうところがいいね」

「あなたはそう考えたんだね。私はこう考えたんだけど、どう思う?」

と、自分の視点からだけでなく相手の視点からも考える。それが、良い話し合いを行う秘訣です。

Road to Executive

一流は、聴いて話し合う

☑ 勝ち負けではない議論ができる

効果的な相づち

三流は、先読みし、二流は、話を中断しながら聞き、一流は、どんな相づちを打つ？

日本の部下の53％は、会話の中で「自分よりも上司のほうが話している時間が長い」と感じているそうです。ちなみに日本以外の先進国では、その比率は20～30％にまで下がります。また、「組織とリーダーに関するグローバル価値観調査」によると、日本では上司と部下の「会話の頻度」が高いものの、「良好度」「会話の充足度」は低くなっています。それの理由は、会話で上司のほうがたくさんしゃべっていて、部下にはあまりしゃべらせていないからと推測できそうです。

自分よりもいくらか年下の人や子供と話していると、「自分にもそんなことがあったなあ」と思うこともあるのではないでしょうか。経験を積んでいると、「そのときはこう思ったな」「理由はこうだったな」と、相手の話のオチがわかってしまうことも多いもの。オチがわかっていてもおもしろい話はありますが、辛抱が必要なときもあります。

そんなとき、

「ああ、こういうことでしょ」

と言ってしまうのは三流のコミュニケーション。その先読みの通りのことであっても、話を聴くことに大きな意味があります。ましてや違う展開になるのなら
「そういうことじゃなくて！」

という気分に相手はなるでしょう。


これは、上司と部下との関係でも同じです。部下よりも知識や経験、ノウハウやスキルが高い分、部下の話を先読みして自分がしゃべってしまうということは多そうです。

話を最後までちゃんと聴くというのは、しばしば、待つことでもあります。**待つことで、人や人間関係が育っていくのです。**


相手の話を聴きながら質問をすると、熱心に話を聴いているような感じがしますよね。

ですが、相手の話を遮ってしまうのは二流のコミュニケーションです。

「それは、○○だったの？」

「でも、○○ってこういうことでしょう？」

「それはおかしくない？」

などの言葉をはさむと、話している人の思考が止まり、言いたいことを忘れたり、話の流れがわからなくなったりします。

「最後までしゃべらせて！」とフラストレーションがたまってしまいます。


一流のコミュニケーションは、自分の考えを伝えることから始まるのではなく、相手を理解するところから始まります。

最後まで通して話を聞き、「全部話した？」と確かめてから、

「いくつか質問していいかな？」

「○○って理解したけれど、あってるかな？」

「もっと詳しく聞かせて？」

と、自分の話したいことを話します。これが、「私はちゃんと話を聴いています」というメッセージになるのです。

Road to Executive

一流は、最後まで話を聞いてから話す

☑ 相手の考えを先読みしない

間合い

三流は、「間」に気づかず、二流は、「間」を恐れ、一流は、「間」をどう扱う？

「ちょっとこの話、聴かせてよ」

「そうだね……」

というように、日常のコミュニケーションでは、しばしば沈黙の時間、つまり「間」が生じます。この**「間」というのは、話す内容を考えてまとめている大切な時間です。**


コミュニケーションは、呼吸のようなものです。呼吸というのは文字通り、吸って、吐いての繰り返し。対話も、自分が話している時は、相手は聞いています。相手が話している時は、自分は聴いています。一定の間で聞いて話してを繰り返していかないと成り立たず、苦しくなってしまうのです。それで、間というどちらも話していない時間が生じると、居心地が悪く感じるんです。

でも、例えば水泳中に潜水をしようとしたら、大きく深呼吸をしますよね。そしてふたたび水上に顔を出したら、何度も大きな呼吸を繰り返して呼吸を整えます。

コミュニケーションにおける「間」も、このようにお互いが呼吸を整えている状態です。呼吸を整える「間」があるからこそ、コミュニケーションは円滑になるんですね。

「間」に気づかないコミュニケーションをしていると、相手の沈黙に気づかずに自分ばかりが話していて、相手の話を全然聴けていなかったということが起こりがちです。話を聴きたいと思ってわざわざ時間をとったのに、結局は何も聴き出せなかったとしたら、こんなにもったいないことはありません。

また、「間」を恐れてしまう場合も、相手が考えている時に質問をしたり自分で考えたまとめを話したりして、相手の思考を乱してしまうことがあります。

「間」を大切にするためには、**沈黙を受け入れましょう**。

傾聴とは、自分の聞きたいことを聞くのではなく、相手が話したいこと、伝えたいことを、受容的・共感的な態度で真摯に聴くことなのです。傾聴の目的は、相手を理解することにあるからです。それによって、話し手が自分自身に対する理解を深め、納得のいく判断や結論に至り、建設的な行動がとれるようサポートすることができます。

「この話は終わってしまった」「この話はもうやめよう」という「間」もあります。「間」をうまく使うと、場の雰囲気をもっとよく変えることもできます。「間」をおくことで違う話題に移りやすくもなるし、お互いの考えをまとめることもできます。

相手が沈黙しているときは、じっと視線を合わせていると、相手は詰め寄られているような気がしてしまいます。わざと視線を外して、落ち着いて考えをまとめてもらいましょう。相手の本音も引き出しやすくなります。

Road to Executive

一流は、「間」を呼吸のように使う

☑ 「間」を大切にする

相談への答え

三流は、自分で考えろと突き放し、二流は、答えを与え、一流は、問題にどう応える？

人間が成長するためのギフトの一つが、「問題」です。

というと、嫌な顔をされそうですね（笑）。問題なんて、起きない方がよいですもんね。私もそう思います。でも残念ながら生きている限り、一生つきまとうのが問題です。問題は理想の状態に近づけるため、要するに、**その人自身の成長のための人生の宿題**なんです。

ところが、学校の宿題なら本人がやるべきだとわかるのに、人生の問題や仕事の問題だと、自分が代わりに解決策を話してしまう人は、案外多いものです。でも、こう言うと皆さんも「そういえばそうだな」と思ってくれるんじゃないかと思います。

「親が宿題をやってしまったら、子供のためになりませんよね？」

問題所有の原則

誰の問題なのかを明確にすること

	自分が問題と感じている	自分が問題と感じていない
相手が問題と感じている	① 共有された問題	③ 相手の問題
相手が問題と感じていない	② 自分の問題	④ 問題なし

相談された問題は、「誰の問題か」という視点で考えると、次の4種類に分類できます。

①（自分と相手で）共有された問題
②（相手の問題でなく）自分の問題
③（自分の問題でなく）相手の問題
④（自分にとっても相手にとっても）問題なし

の4種類です。そして、アドバイスではなく、答えを与えてしまうことが多いのは、4種類のうちの③、『相手の問題であって、自分の問題でない場合』が多いのです。特に上司が部下の、親が子の問題解決者になってしまう場合が目立ちます。その動機は、「子供が大変そうなので見ていられない」「尊敬されたい」「解決者になって、部下に格好いいところを見せたい」など。アドバイスする側の都合なんですね。それで、相手の成長の機会を奪い取ってしまっているんです。

本心から相手の成長を考えるなら、**本人自身に解決させることを尊重しなければいけません**（緊急事態なら話は別ですが）。

そこで大切なのが、相手の話を傾聴することです。傾聴してから、

「あなたはどうしたらいいと思っているの？」

「あなたはどうしたいの？」

と尋ねるのです。まずは本人が考えるステップを挟み、その後に

「私はこういう考え方もあると思う」

「こういう方法もあるんじゃないかな」

と、必要な部分だけ補足する。

これが、相手の成長を邪魔せずに、相談事に応じる秘訣です。

Road to Executive

一流は、本人に解決させる

☑ 相談事への答えを導く

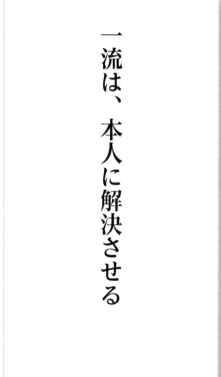

関係性の構築

三流は、自分を隠し、
二流は、自分を装い、
一流は、自分をどう語る?

あなたにも親友がいますよね。その人とは、なんで親友になったのですか? あなたの周囲には仲の良い恋人やご夫婦がいますよね。なんでその二人は仲が良いのだと思いますか?

それは、相手も知っていて自分も知っている「公開された自己」が、お互いにたくさん存在するから、親友だったり仲の良い夫婦だったりするんじゃないでしょうか。

「ジョハリの窓」という心理学モデルがあります。これは、自分と他人の間で、どのような人物像を共有しているのか、あるいは共有していないかというものです。

私は、**摩擦を恐れずに話をして、「開放の窓」をできるだけ増やすことが、好き嫌いにとらわれずにコミュニケーションを深める秘訣**だと考えています。

●ジョハリの窓

	自分は分かっている	自分は分かっていない
他人は分かっている	A 開放の窓 「公開された自己」 (Open self)	B 盲点の窓 「自分は気がついていないものの、他人からは見られている自己」 (blind self)
他人は分かっていない	C 秘密の窓 「隠された自己」 (hidden self)	D 未知の窓 「誰からもまだ知られていない自己」 (unknown self)

以前、私のチームに、明らかに浮いていた人がいました。私も正直に言うと彼のことが苦手でした。このままではコミュニケーションを避けてしまうと思って、意識的に話をするようにしていました。

するとあるとき、彼は思いも寄らない話をしてくれました。自分には小学生の時に、両親に捨てられた過去があった、と。彼と弟は親戚の家に引き取られていじめにあい、弟は中学の途中で耐えきれず蒸発。彼は中学卒業と同時に、新聞配達で食い繋いできたといいます。

その話を聴いて私は

「今の話を聴かせてくれてありがとう。こ

ういっちゃなんだけど、だから○○くんはひねくれてるのか。でも、これ、誉めてるんだよ。俺に話してくれて、ひねくれた理由も、ただの嫌なやつじゃないこともわかって、俺はお前のことを好きになったんだ。皆にもその話をしたほうがいいと思う」

その後、タイミングに恵まれ、彼は仲間の前でその話をしました。もともと良いチームだったのですが、そこに彼もなじめるようになったのです。

この経験以来、私は新しいメンバーを迎えた時には、必ずその人のヒストリーを聴くことにしました。縦軸に時間軸（小学生、中学生、高校生、20代前半、20代後半、30代前半、30代後半、40代前半、40代後半）を据え、横軸に勉強、仕事など／趣味、スポーツなど／人間関係、家族、友達、職場など／その他、住居、健康、資格、お金などを聞くマトリックスシートを作って、それをもとにチームに対して私が他己紹介をするようにしたのです。

こうして話を聴くと、仕事の話だけでは出てこない、意外な情報が出てきます。

「バスケで全国大会に出たことがあるんですよ」

という情報をきっかけに、自分との共通点を見出すこともできますし、お互いの「公開された自己」を極大化することができます。

しかし、一方的に聴き出そうとするだけでは、うまくいきません。**本音を聴くためには、自己開示が必要です。**

例えば、あなたが離婚を経験していて、そのことに引け目を感じていて人前で話したことがなかったとします。でも、もし相手が

「僕、じつはバツ2なんですよ」

と話してくれたら、あなたも

「じつは私もバツ1で……」

というように、自分も自己開示していいんだなと思って打ち明けやすくなりますよね。

だから本音を話してもらえる関係性を作り上げるためには、徹底的な自己開示が必要なんです。

というのも、**自己開示には返報性があるからです**。つまり、自分が開いたものと同じレベルのものを返そうと思う性質があるので、あなたが先に腹を割って話す、というのは相手の自己開示を促すための格好の方法なのです。

自分が本音で話し、相手も本音で話してくれたら、次は、受け止めることが必要です。

「今日久しぶりに満員電車に乗ったんですが、すごく嫌な気分になりました」

と相手が言った時、「受け入れる」話し方は次のような言葉です。

「すごくよくわかります。満員電車は混んでて嫌ですよね。私もできれば乗りたくないと思っています」

でも、自分はちょっと違うな、と思ったなら次のように「受け止める」だけでいいのです。

「久しぶりに満員電車に乗って嫌な気分になったんですね」

「そういう人は多いかもしれませんね」

しかし、

「みんな同じ思いをしているんだから、そんなことを言ってもしょうがないですよね」

「乗らないで済むように、会社の近くに住むとか、自分で工夫をすればいいんじゃない？」

と、受け止めも受け入れもしないと、次は話す気になりません。


自分がしてほしいことと同じことをすればいいのです。

Road to Executive

一流は、自己開示する

☑ 相手と共有している自分像を増やす

信頼関係の構築

三流は、信頼関係ができていると思い込み、二流は、相手の顔色を見て話し、一流は、どんな態度で話す？

コミュニケーションがあまり上手ではない人は、相手との信頼関係を築くことが上手ではない面があります。

「こんなこと言ったら怒っちゃうんじゃないか、傷ついちゃうんじゃないか」と思ってしまって、正しい指摘などができない人は、相手への信頼が欠如しているのです。信頼があれば、「きっとわかってくれる」「何を言っても受け入れてくれる」という信頼のもとに、話ができるはずです。しかし信頼が欠如していると、「不愉快な思いをさせてしまうかもしれないから、言うのはやめとこう」となってしまうのです。

信頼関係ができていている相手に本音がいえるのは、「心理的安全性」があるためです。

一方、信頼が欠如していると心理的安全性がないので、「バカにされるんじゃないか」「怒られるんじゃないか」という不安が先に立ちます。

また、信用はしているが信頼はしていないという相手もいるはずです。嘘をつくとか事件を起こすとか、そういう心配がないのは信用です。でも、その人の行為や発言に対して、自分が心を開くことができなかった。そうした状態は、あまり信頼できない状態です。また、相手が自分の行為や発言に心を開いてくれていないのなら、相手は自分を信頼してくれていない状態の可能性があります。

信用はその人の人間性、信頼はその人の行為や発言といったアウトプットに起因するのです。「期待に応えてくれた」「自分のことを認めてくれた」といったアウトプットです。仮に心のなかでは相手を認めていても、示せなければ、相手には伝わりません。すると、信頼には結びつきません。

そして、相手から信頼されていないと、

「言っていることが矛盾しているから」

「頭にくるから」

など、受け入れない理由を探されてしまうのです。

例えば自分が信頼している人からほめられると、素直に「うれしい」と思いますし、叱られると「しょうがないな」「言う通りだな」と反省もできます。

でも、自分が信頼していない人からほめられると「お前にほめられてもうれしくないよ」と思い、叱られると「なんでお前にそんなこと言われなきゃいけないんだよ」と感じるかもしれません。

一流のコミュニケーションでは、相手との心理的安全性を得られます。自分が相手を信頼し、相手からも信頼される関係性を築いているからです。

心理的安全性は、お互いの頭の中をできるだけ多く共有することで築くことができます。

ですから、相手を信頼して、考えを素直に言い合うことが、信頼をさらに強固にして、心理的安全性を強めるという、よいスパイラルをうむことができるようになります。

Road to Executive

一流は、相手との関係性に心理的安全性を築く

☑ 相手を信頼して話すことで、相手からも信頼される

Chapter 3

「認められた」感に充たされる話し方

伝え方

三流は、命令し、
二流は、指示し、
一流は、どう行動を促す？

どんな言葉を使うかも大切なことですが、その言葉でどんなふうに伝えるかもまた大切なことです。相手に受け入れてもらえる伝え方を選ぶということです。

「命令形を使わない」というのは、ポジティブなものの言い方の一つです。

私もかなり意識して、息子には絶対に、命令形で指示しないように気をつけてきました。

例えば、お小遣いを無駄遣いするので、もう少し貯金をさせたいと考えた時、

「お小遣いの2割を貯金しなさい」

というと、これは命令です。

「お小遣いの8割で生活して、あとは貯金してみたら？」

というと、**挑戦を促す**ことになります。

「お小遣いの8割でやりくりしてみると、お金が貯まるし、お金の使い方が上手になるんじゃないかな。どう思う?」

と、子供自身はどう考えるのか、意見を聴いてみることもあります。

なぜこうした言い方をするかというと、息子を一人の人間として育てるうえで、彼の人格や意思があることを大切にすることが、彼の人権を尊重することだと考えているからです。でも、子供には経験も知識も不足しているから、見えていないことがたくさんあります。一方大人には経験も知識もあるので、見えていることがたくさんあります。ですから、親として自分の見えてきた景色として伝えられることは、話してやりたいと思っています。

私の母は躾に厳しい人でしたが、強制的な命令ではなく、自分で考えて行動するように促されてきました。ですから、私は自分の行動を自由に選べたんです。そして、中学生になると、驚くほど何も言わなくなりました。今から思うと、「一人の大人として責任のある行動を取るように」という無言のメッセージを送るとともに、親自身は黙って見守ってくれていたのでしょう。完全に放っておかれると、全部自分の責任だと感じるようになりました。親に何かを強制されることがなかったので、反抗期がありませんでした。

相手に対して、自分のほうがよくわかっていると思うと、うまくいくようにと命令をしたり、指示をしたりしたい気持ちが生まれてくることがあるかもしれません。

でも、本人の意思でないことをさせるのは、強制なのです。相手が未熟で、知識も経験もないならば、**知識と経験を提示して、あとは本人の意思で行動させればよいのです。**

「こうしたほうがいいと思うんだけど、どう思う?」

「パパの経験からだけど、こういう場合には、このスキルがあるといいよ」

知識や経験に基づく選択肢を提示して、どれを選んでも自分の人生だよというメッセージを送れるようになると、強制をせずによい方向を目指す手助けができるようになります。

気をつけたいことは、「こうした方がいいと思うよ」と伝えたとき仮に相手が自分のアドバイスとは違うことを選んでも、その選択を受け入れなくてはいけないということです。

相手がどんなに未熟で知識や経験が不足していたとしても、その人は一人の人間としてアドバイスを聴いた上で選んだのですから。

Road to Executive

一流は、期待し、挑戦させる

期待とともに真意を伝える

認識のさせ方

三流は、問題を指摘し、二流は、解決法を提示し、一流は、課題をどう提示する？

知人が転職したところ、転職前の日系企業と転職後の外資系企業とでは、問題が起きた時の対応が違い、とても驚いたのだそうです。

転職前の日系企業では、問題が起きたらまず、「誰がやった」が問題となり、次に「なぜそうなった」「どう責任をとるつもりなんだ」、それからやっと「じゃあどうする？」という順で対応に向かいます。ところが転職先の外資系企業では、まず「どう解決する？」「何をすればいい？」「誰がやると早いんだ？」という話から始まるというのです。日系企業は「問題」にフォーカスし、外資系企業は「解決」にフォーカスするという違いを感じたということです。

人は、頭ごなしに問題を指摘されると、目の前の出来事のネガティブな面にフォーカスされてしまって、自己肯定感が急激に下がります。なので、「あれが悪いこれが悪い」「○○はやっちゃだめだ」と指摘されると、やる気が萎んでしまいます。

やる気、ネクストチャレンジの気持ちを引き出すには、**まず認められて自己肯定感の安定をはかることが大切**なんです。その後なら、ネガティブなフィードバックも、前向きな気持ちで受け入れられます。

また、「こういうのはよくない、次からはこうすべきだ」と解決策が与えられても、まずネガティブな面がフォーカスされると、「はいはい、言う通りにすればいいんでしょ」で終わってしまうかもしれません。

一流のコミュニケーションでは、まず認めるべき点はどこだろうと考えます。**認めてから「もっとよくなると思うよ」と期待を示して、再度、チャレンジを促すのです。**そうすれば、自己肯定感を下げることなく、失敗をありのままの失敗として受け入れて、ネクストチャレンジへとやる気を向けられるからです。

「自分なりにがんばったと言えたことはまず素晴らしいよね。でも結果は思い通りにはいかなかったよね。どうしたらよかったのだと思う？　じゃあ次からはどうしようか？」

もちろん、本人の努力が足りないなと思うこともあります。でも、努力の量ではなく努力した事実、挑戦した事実をまず認めてあげる。もし、本人が努力が足りなかったことに気づいたなら、気づいたことがすばらしいと伝えるのでもいい。人はチャレンジをしないと、変われません。だから**失敗は、失敗ではなく、ネクストチャンス**なのです。

ちなみに、組織やチームのリーダーには、

「チャレンジ」と**「もっと」**という2つの言葉を使うことを勧めています。

「こういう未来を実現するには、こうしたチャレンジが必要なんだ」

「こうすれば、もっとよくなる」

という言い方をすると、モチベーションを上げながら改善ができるんです。

日本人は、ネガティブフィードバックが苦手といわれています。つまり、人の悪い点を指摘するのが苦手で、怒ったり、指摘を避けたりしがちです。

でも、ポジティブな面にフォーカスして、「チャレンジ」と「もっと」に言い換えると、ネガティブフィードバックも言いやすくなり、相手もうけとりやすくなります。

Road to Executive

一流は、ネクストチャレンジと伝える

☑ 失敗してももう一度、
チャレンジを促す

肯定感

三流は、説教し、二流は、無理してほめ、一流は、どう向き合う？

日本人は、ほめるのが苦手・下手な人が多いといわれています。心の中では思っていても、口に出すのが恥ずかしいという気持ちがあるのかもしれません。

じつを言うと私は、ほめるのが苦手な人は、無理にほめなくてもいいと思っています。いつもほめない人が無理にほめるとお互いに居心地が悪くなりそうです。無理にほめるよりも簡単に、ポジティブな言葉をかけることは可能です。

それが、**「認める」**ということです。

「ほめる」ことと「認める」ことの違いとは何でしょうか。

例えば、子供がピアノの発表会に向けてずっと練習をしていました。発表会を見て

「すごいね！　上手だったね！」と言う。これが「ほめる」です。

「最後まで間違えずに弾けたね！」と言う。これが「認める」です。

例えば、今月のノルマ600万円を部下が達成しました。

「すごいね！」これがほめる。

「達成したね！」これが認める。

認めるというのは、事実の描写なんです。ですから、ほめるのが苦手な人も、無理なく言うことができます。言われたほうは、認められたことをうれしく感じます。


ほめるというのは、ほめた人の価値基準に達したという描写です。主観的なんです。だから、同じことで、ほめられるときもあれば、ほめられないこともあります。同じことをしてほめられないと、「ちゃんとやったのに、ほめてもらえない」という不満になります。


認めるというのは、事実の描写です。

例えば、「電話は3回鳴ったら取りなさい」と指示して、その通りにできたら、「3回で取ったね」と言う。これは事実を認めているので、どんなときでもぶれません。そして「見ていてもらえた」という喜びになります。だから、事実を伝えるのは、重要なのです。

「ほめて伸ばす」なんて言葉があります。その一方で、本当に、ほめているだけの教育で伸びるのか、という反論もあります。

私も、ほめることも叱ることも両方大切だと思っています。

でも、あえて「ほめて伸ばす」というのは、人間は相手の欠点やダメなところをみつける天才で、バランスをとるためには、意識してほめることが必要だと思うからです。

人は、探そうと思わなくても、人の粗探しをしてしまうものです。特に、上司・部下、親子、年上・年下などの上下関係があると、そういう傾向が強くなります。だから、ほめることや認めることを意識していないと、欠点やダメなところを無意識に見つけてしまい、ダメ出ししてばかりになってしまいます。そこで、とにかくほめて伸ばすつもりで、意識してほめて、認めて、それで初めて叱ることとほめることのバランスがとれるものなんです。

Road to Executive

一流は、ほめると叱るのバランスをとる

☑ 無理にほめようとせず、認める

ミスへの対応

三流は、叱って直させ、二流は、ミスを指摘し、一流は、どうダメ出しする？

叱る場合やダメ出しする場合は、「これまでの努力が台無しになるよ」という伝え方をします。まず努力やいいところを認めてから、**自分で過ちに気づくように誘導する**のです。すると、「非難された」というネガティブな気持ちにとらわれずに、素直に過ちを受け入れて、修正することができます。

人間は感情の動物です。だから、同じことを言うにも、言い方を一つ間違えるだけで、感情はこじれてしまうのです。

三流の話し方だと、部下がミスをした時には

「君がチェックしないとダメじゃないか」

という言い方をしてしまうかもしれません。これだと、ネガティブな言葉だけなので、

注意をされた部下は、自分を否定された気持ちになってしまいます。

また、

「今、〇〇をしたよね、これって〇〇の理由でよくないよね」

「この間、〇〇という話をしたばかりなのに、同じことをしたのは残念だな」

と、過ちの理由やあなたの感情を伝えるだけでは、まだ二流の話し方です。

一流を目指すのであれば、

「最近、君はがんばって仕事しているね。だからといって、ミスがあってはよくない。きちんとチェックしないと、今までの君のがんばりが台無しになるぞ」

と**まず努力を認めた上で、その努力を無にしないために何をすればよいのかを伝えます。**

そうすれば、部下は自分のチェックが足りなかったから、ミスが発生したのだなと気づくことができます。

残念だというのは、期待をしていた、相手を認めていたということです。理由とともに相手を認めているというポジティブな事実を加えることで、受け取り方は変わります。

事実、影響、感情、相手の尊重という4つのステップを踏んで伝えるようにしてもよいでしょう。例えば子供がレストランで水をこぼしてしまったとします。

「気をつけてって何度も言ったのに！」

「この前もやったじゃない！」

といきなり怒鳴らずに、このように話してみましょう。

事実：「今、君は水をこぼしたよね」（どの行動に問題があったのか具体的事実で）

影響：「床が濡れてしまって、滑って危ないし、そうじをするのも大変でしょう」（どんな影響があるのか具体的に）

感情：「さっきパパが、水を左側に置いたらって言ったのに、しなかったからこぼしちゃった。それがとても残念だよ。」（あなたにどんな感情が芽生えたのかを率直に）

尊重：「こうなったことに対して、君はどう思う?」（相手への尊重を示す）

どんなに小さな子供にも、人格も意思もあります。相手を尊重して、自分で過ちに気づけるように誘導するのは、年長者や経験豊かな者の務めだと私は思います。

Road to Executive

一流は、
「今までの努力が台無しになる」
と目覚めさせる

「残念だ」という感情と一緒に
相手が気づけるように話す

叱り方

三流は、「感情」で攻撃し、
二流は、「人」を否定し、
一流は、「何」で伝える？

一流は、「人」と「こと」を分けて、「こと」に焦点を当てて伝えます。

叱るときに大切なのは、「あなた」が悪いのではなく、「あなたのしたこと」が悪いと伝えることです。

叱り下手な人は、「人」にダメ出しをします。もっと下手な人は、「感情」で相手を非難してしまいます。

これでは、自分を否定されたような気持ちになってしまいます。

私にも経験があります。チームの一員がミスをした時、

「あなたが悪いのではない、あなたのやったことが悪いんだ。たまたまそのときあなた

が担当していたから、あなたがミスしてしまった。でも、他の人が担当している時に起きたことだったかもしれない」

というような伝え方をします。そして、「誰」がではなく、「何」が悪かったから、ミスが発生してしまったのかを考えてもらいます。

部下のスタッフがミスした時、何が悪かったのかを考えてもらったところ、仕組みがよくなかったのではないか、という答えが返ってきたことがありました。

「それなら、いいチャンスなので再発防止策を考えて提案してほしい」

とスタッフに伝えたところ、同じミスは起こらないようになりました。

叱るのは、同じ過ちを繰り返させないためです。そして、過ちの原因は、仕組みが悪いなど、まったく本人のせいではないことも多いのです。それなのにミスをした本人の人格を否定しては、「やってられないよ！」という気持ちになってしまうでしょう。

叱らなければいけないときには、決して相手の人格や人間性を否定しない。そのためには、起きてしまった「こと」に目を向けて話す。上手に叱るための大切なポイントの一つです。

今、Z世代の若い人たちにアンケートをとると、「悪い時には叱ってほしい」という回答がすごく多いのです。パワハラになることを恐れて叱ろうとしない年長者が多いからかもしれません。

パワハラになるのは、怒りという感情の暴力を使うからです。自分軸の怒りで何かを伝えようとするときです。怒るのは自己満足なのです。

一方、**叱るのは相手軸での教育**です。自分の怒りの感情は排除しなければいけません。

「今の自己評価を聴かせてくれる?」「今月、目標達成できなかったよね、何が足りないんだろう?　どうしたらいいと思う?」

まず、相手の現状を聴く。そして事実を指摘して、本人がどうしたら予算を達成できると考えているのかを引き出します。それに対して、自分ができる限りの補足を加えていきます。

「今、あなたが言ったやり方でもうまくいくかもしれないけれど、ここのところで、こういうチャレンジをすると、もっとよくなると思う」

これが、一流の叱り方なのです。

Road to Executive

一流は、「こと」で伝える

「誰が」ではなく「何が」で叱る

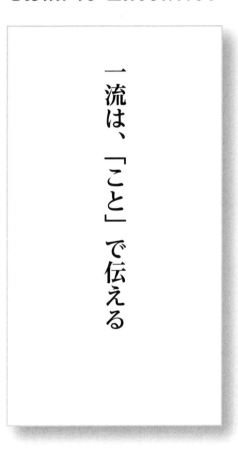

問題解決

三流は、文句を言って罰を与え、二流は、非難し、一流は、何に焦点を当てて話す？

問題解決のために叱るときは、**「解決」**にもっとも目を向ける。これも、一流の叱り方に必要な視点です。

問題解決の方法の一つに、**「環境マネジメント」**という考え方があります。これは、人に罰を与えたり、非難したりといった方法で管理するのではなく、環境を整えることで人が自然に好ましい行動をとれるようにするという考え方です。

環境マネジメントのポイントは、3つあります。「対象者」「引き出したい行動」「そのための行動を対象者が無理なく自然とやるにはどうしたらいいか」。この3点を吟味し、そのために環境を最適化するのです。

例えば、通園バスに子供が置き去りにされてしまう事件がありましたが、欧米では、環境マネジメントで、こうした事故を防ぐそうです。エンジンを止めてキーを抜くとバスの中にブザーが鳴り響き、バスの後方にある赤いボタンを押さなければその音は止められないという仕組みを作ると、運転手がバスの後方まで足を運んでチェックしなければなりませんよね。

私が創業した時、あいさつくらいはしっかりできる会社にしたいという思いから、環境マネジメントを取り入れたことがあります。

小さな会社で社員も多くはなかったのですが、いくら「あいさつをしよう」と呼びかけても、きちんとできない社員がいたんです。そこであるとき、会社の入り口にビデオカメラをこっそり設置して、社員が出社してくる様子を録画しました。そして全員が出社したところで、皆を集めて、「あいさつがなかなか徹底されないので、皆がどんなあいさつをしているのか、内緒でやってしまって申し訳ないけれど、録画してみました」と話しました。録画を見ながら私から話をするだけでなく、いつも良いあいさつをしてくれるE君にあいさつをしてもらって、E君の例を見てどう思ったか、自分はどんなあいさつがよいと思うのかをディスカッションしてもらいました。そして、最後に、「今日あいさつについて改めていろいろ話し合ったけれども、明日からあいさつをちゃんとできる会社にしたい、そう思ってくれた人」と質問をして、全員のコンセンサスをとった上で、

「明日の朝は、過去一番のあいさつをして出社してほしい」

と話して、今度は堂々と、カメラを扉の前に設置しました。

すると、翌日は皆、すばらしいあいさつをしてくれたのです。その「今日のあなたのあいさつ」と「昨日のあなたのあいさつ」を比較して、見てもらいました。

その翌日から全員ができるようになったわけではありませんでしたが、すぐに社員皆、素晴らしい挨拶ができるようになりました。

仕組みで解決できる話し方をすれば、行動を改めてもらうことができるのです。

Road to Executive

一流は、本人の意思でやるように仕組みを作って上手に話す

☑ 話し方にも
環境マネジメントを取り入れる

Chapter 4

喜んで
動きたくなる
話し方、導き方

行動喚起

三流は、伝えることに満足し、二流は、理解されたことに満足し、一流は、どんなことに満足する？

「伝える」ことと、「伝わる」ことは、まったく質の違うコミュニケーションです。

「伝える」とは、情報を発信すれば完了するコミュニケーションです。相手がちゃんと聞いていたかどうか、理解したかどうかは問いません。一方通行のコミュニケーションです。

一方、「伝わる」とは、情報を発信し、相手が受信して完了するコミュニケーションです。

ですから、**相手がちゃんと理解していなければなりません。**

ところで、あなたはコミュニケーションをとる目的とは何か、考えたことはありますか？

コミュニケーションの目的とは、じつは、伝えることではありません。**伝わって、相手**

の行動に変容をもたらし、必要な行動を引き出すことです。

ですから、伝えるだけのコミュニケーションは、自己満足の三流コミュニケーションです。


「俺は伝えた」

「何度も言っている」

「この間も話したばかりだ」

それは、相手は聞いたけれど、聴こえていなかったからです。話しただけで、「話が伝わった」「理解してくれた」というのは思い込みです。

そう思い込んでいるので、本当は伝わっていないのに、

「こいつは何もわかっていない」

「人の話を聞いているのか？」

「何度も同じ話を言わせるな」

と思ってしまったり、言ってしまったりするのです。


加えて、相手がちゃんと聴いてくれ、理解してくれただけでは、行動してくれません。「そ

れはいいですね」と同意してもらえても、「よし、今日からそういうふうにやってみるぞ！」と行動に移してもらえなければ、コミュニケーションは不完全に終わります。

「こうしてほしい。わかったかな？」

「わかったよ」

でも、相手が動いてくれないのは、二流コミュニケーションです。

コミュニケーションの最大の武器は**言葉**です。言葉、伝え方、コミュニケーションのとり方は、あくまでも、相手から必要な行動を引き出すための道具です。よく切れるハサミと同じことで、持っているだけではなく、何かを切って初めて道具として生きるんです。必要な行動を引き出せないのは言葉などのコミュニケーションの道具が悪いのです。徹底的に道具を変えるのが、「伝わるコミュニケーション」です。

ある奥さんが旦那さんに

「牛乳と卵6個買ってきて」

と頼んだのだそうです。すると旦那さんは、快く買い物へ出かけて、そして、牛乳6本と卵6個を買って帰ってきました。

「牛乳を6本も使うわけないじゃない！　牛乳は1本、卵を6個欲しかったのに！」

と奥さんはプンプン怒ったそうなのですが、私は、笑いながらも「人は伝わっていると思いこんでしまう生き物なんだなあ」と改めて実感してしまいました。


一流のコミュニケーションを目指すなら、「伝えただけでは伝わらない」ことを前提にしなければならないのです。

伝わることを前提にしてしまうと、コミュニケーションが成立していると勘違いして、ミスやトラブルを起こす原因を作ってしまいます。


どうすれば必要な行動を引き出せるのか、というのも、人によって違います。

友達にお金を貸したと想像してください。あなたは、貸した金額がいくらだったら、「早く返してほしい」と友達に伝えるでしょうか。セミナーでこのショートワークをすると、受講生の答えは、見事にバラバラの金額です。

つまり、行動を起こす沸点は、皆、違うんです。

だから、必要な時に必要な道具を使うように、**それぞれの人に合わせてコミュニケーションを変える必要があるのです。**そして、どのように話せば、あなたの話に基づいて相手から必要な行動を引き出せるのかを考えます。例えば、1回2回で伝わるとは思わずに、1回言って伝わらない時は2回、2回言って伝わらない時は10回、100回と何度でも言うことが必要な場合もあります。

逆にいえば、うまく伝わらないのは、あなたが悪いんじゃなくて、あなたの言葉、伝え方、コミュニケーションのとり方という道具が悪いのです。

何を使えば相手が行動してくれるか。そこに焦点を当て、「やってくれてありがとう」まで言えるのが、一流のコミュニケーションです。

Road to Executive

一流は、相手から必要な行動を引き出せたことに満足する

必要な行動の引き出し方に
焦点を当てる

具体化

三流は、擬音を使い、二流は、形容詞を使い、一流は、何を使って具体化する？

伝わらないコミュニケーションでしばしば使いがちな道具＝言葉が、便利な曖昧な言葉です。


あなたも便利な曖昧な言葉を使っていませんか？

「コミュニケーションをしっかりとっていこう」

「きちんと確認してミスを防ごう」

「責任をもった行動を」

「ちゃんと強化する」

「早くして」

「もっと丁寧に」

まだまだありますが、このあたりでやめておきましょう。

私もついつい使ってしまうこうした便利な曖昧な言葉ですが、こうした言葉に頼りきってしまうと、人を動かせるコミュニケーションがとれなくなってしまいます。

「しっかり」や「きちんと」とは具体的にどのような程度なのでしょう。

「責任ある行動」とはどんな行動でしょう。

「ちゃんとした」「強化」とは、何をどのようにどの程度、行なうことなのでしょう。

「早く」とはいつまでに？　それともどのようなスピードで？

「もっと」とはどれくらい？　どういうことを「丁寧」というの？

すべて、人によって、あるいは会社や家庭によって、まったく違う答えが返ってきそうですね。

つまり、便利な曖昧な言葉とは、**正確な情報が折り込まれていないので、ミスやトラブルを招く原因になるのです。**

「彼女に優しくしてあげて」

と言われたら、何をしてあげたらよいと思うでしょうか？　いろいろな答えが浮かびますよね。ところが、

「ソファで居眠りしている彼女に、そっと毛布をかけてあげてください」

という指示をすると、どんな人に頼んでも、行動はそう変わらなそうですね。つまり、**具体的なことがらに落とし込んでいるので、ミスが起こりにくくなるのです。**

レストランで、外国人のスタッフがテーブルを拭いているのを見て、店長が「もっときれいに拭いて」と言うのは、典型的な曖昧な言葉の使用例です。「ちゃんと」も「きれいに」も、どちらも曖昧なうえ、さらに文化背景が違えば、理解も大きく離れてしまいます。だから、何度同じ言葉で伝えても、伝わらないし問題も解決しません。もし、

「ダスターをテーブルの左上に置き、右上に向けて一直線に拭く。同じようにテーブルの右下まで拭く。終わったら今度は、縦に一直線に拭く」

と言えば、ほぼ確実に理解できるでしょう。

私も、シンガポールに拠点を移した時、多言語・多文化のなかでは、解釈の異なる言葉を使うと誤解やトラブルを起こす原因になると痛感しました。最近では異世代間でも文化背景がまったく違いますから、「若い子が言っていることがまったく理解できない」「おじさんの話している意味がわかんない」ということもしばしばですよね。だからこそ、曖昧さを極力残さないコミュニケーションが重要なのです。

曖昧さを回避するには、形容詞やオノマトペ（擬音語）を使わずに、動詞や数字を使うことをお勧めします。

世の中の親の口癖の一つが、

「いい加減にしなさい！」

だと思うのですが、子供からすると、「良い加減ってなんだろう?」なんですね。

「もう10時を過ぎたんだから、ゲームをやめて寝なさい！」

と言えば、幼い子供だってわかります。

あるラグビーの名コーチは、

「ボールを投げるのが遅い！」

ではなく、
「パスをするのが3秒遅い！」
と言って、選手を導いていたそうですが、これならどう改善すればいいのかよくわかりますよね。

さらに、「いつ」「どこで」「だれが」「だれと（に）」「何を」「なぜ」「どのように」、「いくらで」「どれだけ」という情報と、量、品質、コスト、納期、ルールの情報を具体的にすれば、曖昧さを減らしていけます。

じつは、私も曖昧さを減らそうと、これらの情報を書き込む表を作って指示を出していたことがあるのです。手間のほうが大きいのでやめてしまいましたが、コミュニケーションではそれくらい曖昧なことが多いのだと痛感しました。わからないことをいちいち確認するよりも、最初にすべて明らかにして始めるほうが、結果的に手間もかかりませんし、間違いも減らせます。お互いに心がけていきたいものです。

Road to Executive

一流は、動詞を使う

☑ 曖昧さを残さない

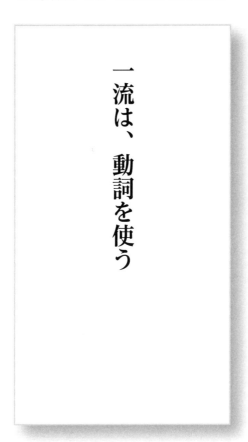

理解度

三流は、自分の知識で話し、二流は、相手の知識に合わせ、一流は、相手によってどうする？

息子がまだ小学生だったころ、ちょっとした悪さをしたときに、注意をしました。それで最後に「わかった？」と尋ねました。すると息子が、

「うん、わかった」

と答えたので、

「じゃあ何がわかったのか、パパに教えてもらっていい？」

と言ってみたのです。息子の答えは、

「わかんない」

「もう一度説明するね。……。わかった？」

「わかんない」

どうやら息子に伝わっていないようなので、

「じゃあ、パパの言うことの何がわからないのか、教えてもらっていい？」

するとと息子は、「パパのいうことが難しくてわかんない」と言ったのです。

こうしたやりとりの結果、息子は注意を聞いていないので説明できなかったのではなく、私の話が難しくて理解できないので説明できなかったことがわかりました。

そこで再度説明するときには、話を分解して短くし、一つずつわかっているのかを確かめながら話したところ、何を理解できたのかをちゃんと説明できるようになりました。

私が、息子に話が伝わっていると勘違いして、最初の「わかった」という彼の返事を鵜呑みにしていたら、何も伝わらないままだったんです。


子供には、**じつは伝わっていない**ということはよくあります。大人がいう言葉の意味がわからない、内容が難しくてわからない、なぜだかわからない、自分はそういうふうに考えたことがなかった、自分はそう思わない、違うことと勘違いしていた……。

子供の「わからない」の理由はいろいろありますが、これは子供だけに限った話ではありません。誰が相手であっても、「じつは伝わっていない」ことは多いものです。それをお互いの経験で補いながら、なんとかすり合わせている状態なのです。

すり合わせを簡単にするには、**相手の知識や理解度に合わせて軌道修正**してもいいのです。ピンときていないようなら、**わかりやすそうなたとえ話**をしてみる。そのたとえ話でもわかりづらそうなら、別のたとえ話をする。そうしなければ伝わらない話はたくさんあります。

この本でもたとえ話や事例をたくさん取り上げました。話が伝わりやすくなるように、できるだけ身近な経験や有名人のエピソードを使って、理解度をすり合わるためなんです。

伝えるときの王道は、**『伝える→体験→振り返り（気付き）』**の順です。

「○○をこんなふうにやってみてくれる？」

「ありがとう。やってみてどうだった？」

「さらにこうすると、もっとよくなるよ」

と、まず伝えてからやってもらい、気づきを促し、必要ならフィードバックをします。

しかし**伝えたいことに予備知識や体験のないとき、難解なテーマや日常を離れた内容を伝えるときは、『体験→振り返り（気付き）→伝える』**の順が、伝わりやすくなります。

「とりあえず、◯◯をやってみてもらっていい?」

「ありがとう。やってみてどうだった?」

「さらにこうすると、もっとよくなるよ」

と、やってみてもらってから、振り返って気づきを引き出すとともに、伝えたかったことをフィードバックして、

「じゃあ、もう一度やってみてくれるかな?」

と再び体験してもらえば、理解しやすくなり、必要な行動を引き出しやすくなります。


また、伝えたいことに関して予備知識や体験はあるけれど、そのことに関して**興味やモチベーションが低い場合には、『振り返り(気付き)↓伝える↓体験』**の順で話すほうが伝わりやすくなります。


「先輩がやっている◯◯の仕事を見て、どう思った?」

「確かにそうかもしれないね。その仕事を今度は君にもやってもらおうと思っているんだけど、こんなふうにやってくれるかな?」

と、気付きを経てから伝えて、体験してもらうと、気付きを出発点にして興味を引き出

せるので、要所も伝わりやすくなります。その上で「よくやってくれたね。あとはこうすると、もっとよくなるよ」とフィードバックをすると、相手は受け入れやすくなるのです。

コミュニケーションの目的は、話が伝わって、相手から必要な行動を引き出すことだとお話ししましたよね。それには、相手に十分に伝わっているかどうかをチェックして、「ちょっとわかってないな」「ピンときてないな」から、「なるほどね！」になるまで、丁寧に軌道修正していくことも必要なのです。

さらには、「行動すると利益につながる」と考えている人には、行動によるメリットを伝えると行動してくれやすくなりますし、「行動するとリスクにつながる」と考えている人には行動しないデメリットを伝えると必要な行動を引き出しやすくなります。人は単純なので、何を欲しているかがわかると動きやすくなるのです。

Road to Executive

一流は、相手に合わせて話す順序を変える

☑ 相手の反応を見ながら修正していける

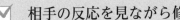

比喩

三流は、説明せず、
二流は、説明し、
一流は、何を使って考えさせる？

「例えば……」

すでにあなたも感じていらっしゃる通り、これは、私の口癖です。たとえ話は、コミュニケーションにとても役立つ方法なので、たとえ話をふんだんに盛り込みながら話しているうちに、口癖になってしまいました。

話し手としても、「例えば……」と言ってしまうことによって、頭をフル回転させてわかりやすいたとえ話を頭の中へ探しに行きます。もっとも私の場合、ちょうどよいうまいたとえ話が見つからなかったときには、「うまいたとえ話が見つかりませんが、要するに……」と言って、言いたいことをほかの表現に言い換えてごまかすこともあります。

人は感情で動いて、理論で正当化する生き物。そこで、人に動いてもらうには、感情に働きかけることが重要です。それには、相手に身近なたとえ話を通じて、話の内容を自分ごととしてとらえてもらう必要があるのです。だから、たとえ話や比喩が効果を発揮するのです。

「こういうことあるでしょう?」

「あなただって自分がやられていやなことを人にやられたらどう? それをあなたはしたんだよ」

と、相手が体験しそうな例を使って、自分のこととして受け止めてもらう。そうすることで、それが課題であること、どこが問題であるかが、明確になります。

理論だけを語ってもそれだけだと、頭で理解するだけでひとごとだったり、遠いことのようにとらえてしまい、自分の感情にはなかなか引き寄せられないのが人というもの。

例えば、「トイレはきれいに使いましょう」というのは、理論なんです。それよりも、「あなたがトイレに行って、汚れていたらどう思う? 自分だったら嫌ですよね」と言うほうが、ずっと自分のこととして近づいてきますよね。

じつは私自身、小さい時から母に
「自分がされていやなことはしないで、されてうれしいことをするのはどうかな?」
と言われて育ちました。

たとえを使うのは、**感情を擬似体験させることで、自分ごとにすること**なんです。

「例えば、〜〜〜」
「もし、〜〜〜」
という言葉を使って、比喩を通じて相手の感情に働きかけ、自分のこととして考えてもらうような話し方を、ぜひ、取り入れてみてください。

Road to Executive

一流は、比喩を使う

☑ 身近なたとえ話を通じて
自分ごととして考えさせる

目線

三流は、やってほしいことを伝え、二流は、自分都合で頼み、一流は、どんな目線で話す？

相手に何かをやってほしいときには、どういうふうに伝えたら相手が受け取りやすいかを考えると、相手から必要な行動を引き出しやすくなります。

タクシーに乗ったときのことを思い出してください。「シートベルトをお締めください」というメッセージは、どんな言葉で語られていると思いますか？

正解があるわけではないのですが、次のようなメッセージが考えられます。

「後部座席にお座りのお客様もシートベルトをお締めください」

「万一の事故の際、当社は責任を負いかねますので、後部座席にお座りのお客様もシートベルトをお締めください」

「お客様の安全を守るために後部座席にお座りのお客様もシートベルトをお締めくださ

い」

ずいぶん、印象が違いますよね。

三流のコミュニケーションでは、やってほしいことだけを伝えます。二流なら、お客様が納得できるように理由を付け加えますが、自分都合の視点からの理由です。一流のコミュニケーションならば、その理由は**相手目線に立ったうえで、してほしいことを伝えます。**

なぜ相手目線で伝えるのか。それは、**言葉が現実を作る**からです。

自分都合だと、「自分がそうなっては困る理由」＝「責任を負えない」などのネガティブワードで理由を語りがちですが、相手目線ならば「相手がそうなったらいいなと思う理由」＝「お客様の安全を守る」などのポジティブワードで理由を語りやすくなるからです。

人というのは、**ほしい成果に対して必要な言葉を使う必要があります。**

例えば、頭の中ではラーメンを食べたいと思っていても、「カツ丼をください」と言ったら、カツ丼が運ばれてきます。だから、ラーメンが食べたいならば、「ラーメンをください」と言わなければなりません。言葉で言ったことが実現するという、一番シンプルな例です。

逆にいえば、求める成果に対して、不必要な言葉をいかに使わないかが重要になるのです。なぜなら、**人は自分の発した言葉とイメージに支配されている生き物**だからです。この「話す言葉によって未来が変わる」という言語的相対論のお話はすでにしましたよね。

つまり、野球で

「低めを打つな」（してほしくないことを伝えている）

と言うダメ監督か、

「高めを打っていけ」（してほしいことを伝えている）

と言うデキル監督かの違いです。

つまり、悪いイメージは思い浮かべるだけ、無駄なんです。ましてや、口に出して言う、言葉で聞いてしまうなんていうのは、不必要この上ないんです。それよりも、成し遂げたいことを話して、成功する確率を上げていくほうがよくないですか？

Road to Executive

一流は、相手都合で話をする

相手目線で考えて話し、
相手のメリットで動いてもらう

有言実行

三流は、説得し、二流は、納得させ、一流は、相手に何と言わせる？

あるデータによると、人から言われて仕方なくやった仕事の生産性を1とすると、人に言われたことだけど、納得してやった仕事は1.6倍の生産性があり、自分で考えて決めた仕事の生産性は、1.6の二乗、つまり2.56倍にもなるそうです。その理由は、人は何事も合理化する傾向があり、つまり**自分の意思と行動の間に一貫性をもたせようとするから**なのだそうです。

この一貫性の原理を利用して、無断キャンセルを減らすために、キャンセルについての伝え方を変えてみるとどうなるでしょう？

「キャンセルされるときはお電話をください」

が元の伝え方だとしたら、

「キャンセル待ちのお客様がいらっしゃるので、キャンセルのお電話を必ずください」

は、納得してもらう伝え方。

「キャンセルされるときはお電話をいただけますか？」

は、相手がつい「はい」と答えてしまう伝え方です。

じつは、アメリカの研究者が、実際に実験しています。

「キャンセルされるときはお電話をください」

から、

「キャンセルされるときはお電話をいただけますか？」

に変えてみたところ、言い方を変えただけで、無断キャンセルが激減したというのです。

つまりは、「はい」と答えると、「請け負った」という無意識の約束が生まれ、約束をしたから守らなければいけないという一貫性の原理に基づく意識が生じます。それで、キャンセルをするときには電話をするという行動を引き出せたのです。

そこで、この一貫性の原理を利用して、何かを依頼するときには、**相手に決めて言ってもらう**ということが驚くほど効果を発揮するのです。

例えば、作業の納期は、上司が決めるのではなく、作業をする本人に「いつまでにできますか?」と聞いて

「○月○日の○時にできます」

と言ってもらいます。すると、自分で言った納期なので、守らなければと一貫性の原理が働くのです。もっと納期を早めてほしいのであれば、

「申し訳ないんだけど、もしトラブルが起きても余裕をもって対応できるようにするため、もう少し早めてほしいんだけど、いつできる?」

と、いう言い方をしてみる。それだけで、納期を守ってくれる確率が上がります。疑問系を使うと、相手からの発言を引き出せる効果もありますね。

子供に対してもよく使う方法です。子供の場合には、選択肢を挙げて、そこから選ばせて、自分で決めさせるのです。子供といえども自分で決めたことなので、「約束をしたから守ろう」という意識が強く働きますよ。

Road to Executive

一流は、相手に「はい」と言わせる

☑ 一貫性の「はい」を上手に活用する

話のタイミング

三流は、思った時にすぐ話し、二流は、こちらの都合で話し、一流は、どんなタイミングで話す？

この章では何度もお話ししているように、コミュニケーションとは、伝わって相手から必要な行動を引き出すことが目的です。ですから、**目的を遂げるために、いつ、どのように言えば一番的確に伝わって行動へ結びつくのか**を考えられるのが一流のコミュニケーションです。

「今、それは聞きたくなかった！」

ということは、日常でもしばしば体験することです。「今じゃなくて、心に余裕があるときに言われたら、もっとやる気が出たのに」とか、「親からじゃなくて彼氏から言われたなら、すぐにやったのに」ということは、皆さんにも少なからず経験があるのではないでしょうか。「落ち込んでいるのに、追い討ちをかけるようなことを言わないで」なんていうこともありますよね。

タイミングを間違えると、正しいことでも聞く耳さえもってもらえない場合もあります。

だから**「時」「人」「状況」が大切**なんです。


何か大切なことを伝えたいときなら、例えば、相手が落ち込んでいる時に伝えるよりも、もっと受け入れやすい状況で言う方が、相手は受け入れやすくなります。

自分の投げたい球だけを考えてボールを投げても、相手に受け取って投げ返してもらえなければ、キャッチボールの意味がありません。タイミングよく、いいボールを投げるのがキャッチボールの秘訣ですよね。


また、**相手だけでなく自分のタイミングを見極めることも大切**です。

私は、自分が興奮していたり、ネガティブだったりするときは、極力その場では言わないようにしています。それは冷静に話しているつもりでも、知らず知らずのうちに言葉が荒々しくなり、トゲのある言葉を使ってしまったりするからです。冷静な自分と向き合ってから話したりメールを送ったりすることが、相手に気持ちよく受け取ってもらうために、とても重要だと考えています。

急な会議や急な打ち合わせを入れないというのも大切です。どうしても急に話をしなければいけないときには、

「こういう理由で急に打ち合わせをしなければいけないけれど、大丈夫？」

と相手の許可を必ずとるようにします。

「一つだけいい？」

と確認してから話し出すのも、相手も聴くスタンスに立てるので、話しやすい雰囲気になります。

この前、ジムでトレーナーの指導を受けていたんです。でもその指導が上手ではなかったらしく、先輩トレーナーがスッと来て、

「一つアドバイスさせてもらっていいですか？」

って言ったんです。「え、なんですか？」と、聴く姿勢になりますよね。そして

「今、肘が下がっているので、この筋肉を鍛えるために肘を上げたほうがいいです。でも椅子が上がっていると肘がこうなってしまうので、椅子を下げたほうがいいですよ」

というアドバイスを受けました。

「こういうやり方はよくないですよ」

「そのやり方は間違ってるからやめたほうがいいですよ」

では後輩トレーナーの面目丸潰れだし、雰囲気も悪くなります。正しいことでも、受け入れにくくなりますよね。でも「一部の修正でいいんですよ」的なニュアンスを加えるだけで、私も後輩トレーナーも受け入れやすくなります。うまいなあと感心しました。

何かを教えるようなときに、今はその段階じゃないというときもあります。カラカラのスポンジと、たっぷり水を吸収したスポンジでは、新たに吸収できる量が違います。スポンジの状態＝相手のキャパシティや意欲の状態を見極めることも、とても大切なことです。

また、リーダーは何でも自分で伝えなければいけないと思いがちですが、**部下、同僚、上司など別の人から伝えてもらうほうが有効なときもあります。**

その「誰」とは、人でなくても構いません。私がよく使うのは、**本や映画にメッセージを託す**ことです。

何か伝えたいことがあるときに、伝えたいメッセージが含まれた本を読んでもらったり、映画を見てもらったりして、「相手が何を感じ、どう思ったのか?」「私は何を伝えたかったか?」などを話し合うという方法を使います。飲食店で見かけた他の親子のやりとりを一つの事例にして「どう思った?」と共有して話す方法もあります。

伝えたいことを共有するには、本や映画はとてもわかりやすい方法だと思います。それに、リーダーから直接言われたらムカつくことでも、映画の感動シーンならば、「本当にその通りだよな」と素直に思えることって多いですしね。

すべて自分の口から話さなければと思わずに、「いつ話すか」「誰が話すか」「どんなふうに話すか」を考えてみると、たくさんの方法があることに気づけるはずです。

Road to Executive

一流は、「時」「人」「状況」を考える

☑ 伝える舞台を考える

共感

三流は、自己満足で話し、二流は、理論に訴え、一流は、何に訴える？

人は感情で動いて、理論で正当化します。

両手を広げてみてください。右手が感情、左手が理論です。そして、両手を合わせてみてください。これが人に気持ちよく動いてもらうための成果だと思ってください。

理論は大切ですが、実際のところ、人は100％感情で動いているものです。それを理論だけで正当化して伝えようとすると、

「言ってることはわかるんだけど、でも……」

「言ってることはわかるんだけどさー、なんかむかつく」と。

正論だけど受け入れられないようなこと、ありませんか。理論は正しいけれど、感情的に抵抗が強い状態です。決して相手が気持ちよく動いてくれる状態にもなりませんよね。

感情がマネジメントできないと、いい関係性が築けないし、感情が動かないとなかなか行動もできないものなんです。ビジネスでも感情を無視して理論だけで進めても、うまくいきませんよね。

赤ちゃんのいる、あるご夫婦は、ママが台所で料理をしているとき、赤ちゃんが泣き出したそうです。でも、パパはソファでテレビを見ている。

「ちょっと、○○ちゃんが泣いてるじゃない！　テレビ見てないで抱っこしてあげてよ！」

いつもそこから、喧嘩になっちゃうんだそうです。

ガーッと言われると反発したくなるのが人というもの。ママの気持ちはわかるんですが、目的は、怒ることじゃなくてあやしてもらうことですよね。だからカチンときたとしても、言い方を変えてみたらいいんじゃないでしょうか。

「疲れて帰ってきて、くつろいでテレビを見ているところ悪いんだけど、子供をあやしてもらっていい？」

言い方一つで、気分よくやるか気分悪くやるかの差がうまれますよね。

「パパ〜、筋トレの時間だよ！　○○ちゃんを抱いてあやして〜！」

なんて冗談混じりの声掛けでもいいと思います。同じことをやってもらうにしても、

「こういうことが必要だから、あなたにやってもらいたいんだ」

という言い方をするのと、「やってよ」といわれるのとでは、心算が違いますよね。


そうはいっても、そこに感情がのっていなければ逆効果です。

口先だけで言わない。そこは気をつけたほうがいいですね。

感情がのっていない言葉は、相手の感情に働きかけることもできません。

Road to Executive

一流は、感情をことだまにのせて話す

感情に訴え、共感を得る

身振り手振り

三流は、口で話し、二流は、見つめて話し、一流は、何で話そうとする？

「相手の目を見て話せ！」とはいいますが、面談中でも講演中でも、本当にずっと相手と見つめ合っていたら、お互いに疲れちゃいますよね（笑）。

そこでお互いのために、適度に視線を外せる環境は必要です。

複数の人の前で話す場合には、パワーポイントを使ったり、ホワイトボードを使ったりします。対面であれば、口だけでなく、ペンや紙を使ったり、目の前にある物を使ったりして、手も動かしながら話します。

大勢の前で話すときには、身振り手振りを加えて体を動かしながら、なるべく大きな声を出すようにします。堂々とした態度を演出するのです。カラオケで熱唱する感覚ですね。

自分の中から別人格を呼び出して、俳優になったつもりで演じます。声の大きさだけでなく、話の内容によって、抑揚（トーン）を変えることも、演出の一つです。

また、自分が話していて、反応がないほどやりづらいことはありません。

そこで私が講演や研修をするときに使うのが「うなずき君を探せ」というスキルです。

自分が胸を張って提供しているものに対しては、よく探せば、反応してくれる人が必ずいるものです。会場の中央、左側、右側あたりに一人ずつ見つけ、順番に語り掛けるようにすれば話しやすくなりますし、会場全体に自然に視線を配れるようになります。二人称で話しかけるような口調になるので、人前で話すときの収まりもよくなるのです。


情報は聴覚だけでなく視覚を使うと、より効果的に相手に届きます。そこで、強調したいことをその場でホワイトボードや紙に書き上げると、視線を動かす以上の効果も得られます。大切なことを書きながら話すと、目からもメッセージを伝える効果が高まるのです。

例えば、「この商品、たったの１０００円です」と言葉だけで伝えた時と、金額の部分だけでも書きながら伝えるのとでは、伝わり方がまったく違います。その場で書く、見せるというのは非常に重要度の高いパフォーマンスなんです。**一流は聞かせるだけでなく、感覚に訴えて、「魅せる」のです。**

書くことは、強弱をつけることにもつながります。

さらに、その人のためにさいた時間や労力は、その相手は、知らないうちに大切に受け取ってくれるものです。１００円という値札を置いておくのと、値段を聞かれて、「１００円です」と言いながら紙に１００円と書いて見せたら、「時間と労力を使ってくれたから、買わないと……」という心理が働きやすくなります。

見返りを期待しているわけではありません。しかし、出し惜しみをせずに、より一所懸命労力をかけて伝えるほど、伝えたいことが確実に届くという手応えがあります。

Road to Executive

一流は、「魅せる」

☑ 五感に訴える

準備と実践

三流は、自己満足で準備し、二流は、人目を気にして準備し、一流は、どんな準備をする？

人前で話す際には、必ず目的があります。その目的を把握することは、

「何を話すか」

「どう話すか」

に関わる重要事項です。つまり、**事前の情報収集により、話す目的をつかみ、それに合致する話をしなければ、人を巻き込むような話はなかなかできません。**


私が講演の資料を作るときは、「この登壇を通して、最終的に受講者へ伝えたいことは何か？」という目的から考えるようにしています。

というのも、以前は「自分らしく伝えられるストーリーにしよう」と考えていたので、自分が話したいことをただ羅列していました。

また、当時、受講生の満足を第一に考えていたので参加者の満足度は高かった講演であったにもかかわらず、「ああいうことを話してほしかったんじゃないんだよね」と主催者に言われたことがありました。そのとき初めて主催者には講演を実施する目的があるので、目的に合致した話で受講生だけでなく主催者も満足させることが必要なのだと気付きました。

そこで、まず基本情報シートを作り、主催者の開催目的、対象者の参加目的、嶋津への依頼目的やきっかけ、主催者が嶋津へ期待すること、参加者に終了後感じてほしいこと、内容で触れてほしいことなどを講演や研修の主催者から事前情報収集をするようになりました。

そして、基本情報シートに基づいて内容の焦点を絞りこむように変更しました。

話す内容がうまくまとまらないときは、箇条書きでメモを作り、それらをどのように組み込むのかを考えます。伝え漏れがあると、後で後悔することになるからです。

主催者の目的を整理して、内容の焦点を絞ったことで、参加者にもより喜んでいただける話ができるようになりました。

しかし、どんなに準備をしても、気分なのか体調なのかわかりませんが、いつもの調子にまで引き上げられないときがあります。人間だから、そういう時もあります。

そんな時は、

「人間完璧はない。100点ではなく、100%を目指そう!」

と自分に言い聞かせて、少なくとも今のマイベストを目指すようにしています。

100%というのは、今の自分のできることをすべてやるという覚悟です。つまり、主観的な満点を目指すのです。誠意をもって人に向き合うということです。

一方、100点は相手の目を気にした満点です。人の目を気にすると、体裁にこだわったり、格好をつけたりしてしまうもの。自分のプライドや威厳など余分なところに力を使ってしまって、肝心な部分に力が発揮できないものです。

人と人との関係では、常に同じことが起こるはずもありません。どんなときもマイベストを尽くすしかないのです。

Road to Executive

一流は、主催者も満足させる準備をする

目的に基づいて事前準備をし、
マイベストを尽くす

ウエイト

三流は、思いついた順に話し、二流は、強弱を考えずに話し、一流は、どこにウエイトを置く？

話を構成するときは、**最初と最後に話のウエイトを置きます**。

なぜなら、**初頭効果**と**クライマックス効果**という、心理学的効果を活用するためです。

初頭効果とは、**最初に与えられた情報ほど影響を与える**というもので、アンチクライマックス効果ともいいます。相手の関心が低い場合や、相手はあまり乗り気ではないけれどあなたには話すべきことがあるような場合に、効果を発揮します。

例えば、自分の意思ではなく、会社の指示で受けている社員研修をイメージしてください。研修の前は

「めんどくさいな、今日は一日、研修を受けなきゃいけないのか」

と思っていても、最初にインパクトのある話を聞いて、

「おっ！ 今日の研修はいつもとは違うぞ！」

「今日はいい話を聞けそうだ」

と、興味を惹きつけられることがあります。

同じように、企画会議のような場合でも、最初にインパクトを受けると、

「この企画は期待できそうだぞ」

「おもしろそうな商品だな」

と興味を持ち、その後の話も聞きたくなるものです。

つまり、話のメインディッシュを最初に伝え、話の間中、何度も繰り返すことで、聞き手の関心を惹きつけるのです。


クライマックス効果は、親近効果ともいいます。つまりは「おわりよければすべてよし」ということ。

人は、最後に聞いたことが印象に残るものです。ですから、**聞き手が最後に聞いたことで満足感を得ると、その高揚感や満足感を維持する**ことになります。

クライマックス効果は、聞き手の関心が高く、最後まで熱心に話を聴いてくれる場合に、特に効果を発揮します。

例えば、受講生が自分で受講料を支払って参加する研修や、自分で聴きたいことを質問してきたときなどは、

「必ず何か役に立つことを聴こう」

という気持ちで臨んでいますので、最後まで意欲的です。

そうした場合に、最後にインパクトのある話をすると、「いい話を聴けてよかったな」という満足感に満たされる効果が強まるのです。

さらに、最初に聞き手の関心を惹きつけ、最後にもう一度、関心の強い内容を繰り返して、**初頭効果とクライマックス効果の併用で、聞き手の満足度を上げることもできます。**

聞き手の感情を想像して、話のウエイトをどこに置くのかを考えて話せば、聞き手の満足感を引き上げることができるのです。

Road to Executive

一流は、最初と最後を考える

☑ どこに話のウエイトを置くかを考えて、話し方を構成する

話の順序

三流は、感覚で話し、二流は、最初から全部話し、一流は、どこから話す？

ちょっと込み入ったことや、話しにくいことを話す時、あなたはどうやって話し始めますか？　なんだか回りくどくなってしまうな、と感じることも多いはずです。時には、「自分って話が下手なんじゃないか」、と思うこともありますよね。

私もそうです。ついいろいろなことを話したくなって、横道にそれてしまったり、あるいは回りくどくなるときがあります。

そこで、うまく話がまとまらない予感があるときには、結論から話すように意識しています。あえて言葉に出して「結論から言うと……」と、始めることもあります。そういう話し方をするほうが、必要な行動を引き出しやすくなることが多いからです。

結論から話すというのは、**「PREP法」**というトークスキルの一つです。最初にP

（Point）＝ポイントや結論を話し、次はR（Reason）＝理由、E（Example）＝事例、具体例の順に説明し、最後にP（Point）＝結論をもう一度話す。要領よく話を進めやすくなります。

「私は○○だと思うよ」（結論）
「なぜなら○○だからだよ」（理由）
「例えば、○○ということがあるよね」（事例、具体例）
「だから私は○○だと思うよ」（結論）

また、新聞記事のように話す方法もあります。新聞記事の内容は、ほとんどが、タイトル（結論）、リード（要約）、記事本文（詳細情報）の順で構成されています。例えば、

「タンカーが沈んだらしいんだよね」（結論）
「テロで大騒ぎになっているらしいよ」（要約）
「そのタンカーは3日前に○○の港を出発して、沈んだのは○○の海で、テロによる爆発で、こんな風に沈んだのを○○の国の機関が確認したそうだよ」（詳細情報）

と話せば、回りくどさを避けられます。

「ギャップ法」という話し方もあります。まず現状を話し、ありたい姿(目標)を提示して、現状と目標とのギャップ(課題)を共有し、解決策を提示するという話し方です。

「今こうだよね」(現状)

と現状の事例を出すと

「うんうん、私もそう思う」

「あるある、私も経験したことがある」

と、自分のこととして聞き手は感じます。

そこで、

「もしこうなったらいいと思わない?」(目標)

と話すと、聞き手は「確かにそうだ」と思います。そして、

「そのためにはこんな課題があるよね」(課題)

「解決するためにはこうしたほうがいいよね」(解決策)

と話すと、納得できますよね。

そう、これはテレビやラジオの通販番組でもおなじみの手法です。

この手法では、感情変化のプロセスが上手に設計されています。つまり、**事例を、こんな悩み（＝課題）として考えさせて、理想の状態を提示し、解決方法として商品を紹介しています。**聞き手の感情の動きを心の中の声として表現してみると、こんな感じです。

ビフォー「あまり期待できないな……」
起「おっ、なんだかこれまでと違うぞ」
承「へー、そうなんだ！」
転「ほう、そういうことか」
結「いいね～」
アフター「うん、これならいけそうだ！」

だから、テレビショッピング、ラジオショッピングの語りを聞いているうちに、つい、その商品が欲しくなってしまうんですね。あなたから「買う」という行動が引き出されているんです。

「ゴールデンサークル」という理論もあります。

二流の話し方では、What、How、Why の順で、話の外側から話しますが、一流の話し方では、**Why、How、What の順で、話の核心から話す**というものです。

もし、スティーブ・ジョブズが普通の人だったら、

「我々のコンピュータは素晴らしく（what）、美しいデザインで誰にでも使える（How）、なぜなら、違う考え方に価値があると信じていて、世界を変えるという信念で行っているからだ（Why）」

と話したはずです。

でも彼は、話し方も一流の人でした。だから、なぜするの？　どうやってするの？　何をするの？　の順で話したんです。

「我々のすることは全て世界を変えるという信念で行なっています」（why）

「違う考え方に価値があると信じています」（why）

「私たちが世界を変える手段は、美しくデザインされ、簡単に使えて親しみやすい製品です」（how）

「こうして素晴らしいコンピュータができあがりました」（what）

Road to Executive

一流は、
目的に応じて話す方法を変える

☑ 一番伝えたいことに合わせて、
話し方を変える

Chapter
5

周囲を巻き込む話し方

定期的な対話

三流は、コミュニケーションを重視せず、二流は、いつでも言ってこいと言い、一流は、相談の時間を設ける？

「何かあったら、いつでもいいから話して」

友人関係でも家族関係でも、上司と部下の関係でも、相手の力になりたいという思いから、そんなふうに言うことは多いものです。

でも、いざ自分に何かがあった場合、気軽に相談するのは難しいと感じる場合もたくさんあります。特に、相手がとても忙しい人だったり、そのとき忙しそうにしている場合には、ちょっと気が引けてしまうことも多いのではないでしょうか。

しかし、早めに話をするほうが解決しやすいことがあるのも事実です。後から

「なんですぐに相談してくれなかったんだ！」

と言っても遅いのです。

そこで、**普段から何でも話せる時間を定期的にもっておく**と、コミュニケーションの時間を確実に確保することができます。

「あのときにすぐ話してくれたから、大事に至らなくて本当によかった」となるのです。

最近は、企業での1 on 1ミーティングの効果が広く知られるようになりました。

私の考えでは、1 on 1ミーティングとは、仕組みです。つまり、「週に一度」「二週に一度」など短いスパンで時間を設けて、しっかりと向かい合って話す仕組みを作ることで、逃げずに話し合いができ、少しずつ胸襟を開いていける。だからこそ効果が出るのだという思いに至りました。

1 on 1ミーティングでは、思いつくままに話し出したり、いきなり本題から入らずに、アイスブレイクを入れるのが一流の話し方です。凝らなくてもいいんです。あなたが見聞きしたことなどを素直に話せば、場を和ませてお互い話しやすくなれます。

私の場合は、

「今日の心の天気は？」

と必ず尋ねていました。すると
「晴れです」

「曇りです」

「どしゃぶりです」

と、人それぞれ、そのときどきの答えが返ってきます。その答えに対して、

「何かいいことあったの？」

「どうしたの？」

と、質問すると、自然なアイスブレイクになります。


採用面接の時にも、学生の緊張をほぐすために、

「嶋津と申します」と私自身名乗ってから少し間を置いて、「緊張していますか？」と話しかけていました。すると、皆、「はい」と、肩の力が抜けたかのような同じ反応をします。

そこで、

「いい意味の緊張は当たり前のことですからね」

と話しかけると、学生の皆さんは、話し出しやすくなる様子でした。

これは、会社での人間関係に限ったことではありません。親子の間でも、どんなに忙しくても家族揃って朝食をとる、週に一度は時間をとって一緒に夕食をとる。夫婦がリラックスしてまじめなことも話せる雰囲気を作るために、週に一度はカフェでのコーヒータイムを設ける。そんなことでもよいでしょう。

定期的な報連相タイムを作ることは、どんな人間関係にも応用できる仕組みなんです。

私がチームを率いていた時、一言朝礼を行なって、改善提案を話すようにしていました。これは非常にシンプルなやり方で、皆が集まる場所で、会社や組織に関して前日にあった、良かったこと・悪かったこと・どうすればいいのかを、一人1つずつ話してもらうというものでした。

これが、シンプルですがめちゃくちゃ強力な効果を発揮したのです。仮に1チーム10人だとして、10チームあったら、毎日100個もの改善提案が集まるからです。しかも、そのなかから、時として劇的な改善提案が出てきます。それに、全員が意見を言うので、上下左右含めた組織の風通しがよくなります。また、毎日、消極的な人も積極的な人も、必ず話をする場が与えられることで、意見の通りやすさを実感できますし、そこで言いたいことを言えるというメリットも出てきます。また、毎日何かしら話さなければいけないので、ほかの人の良いこと良いところを観察するようになるので、「まわりに、見られている」という緊張感もうまれます。

「誰々が廊下に落ちているゴミを拾っているのを見てすごいと思った」

と話す人がいると、

「おおお〜！」

「えらいね」

「なかなかできることじゃないよね」

と皆がほめるし、ほめられた人はうれしいし、またやろうと思うでしょう。ちゃんと見てくれている人がいるとわかるので、善意が社内に増えて、うれしくなったことをよく覚えています。

気持ち良くお互いが話せる、報連相タイムを設けてみてください。ちなみに我が家の場合は、週一、二回の家族の飲み会です（笑）。

Road to Executive

一流は、定期的に聴く

☑ 定期的な報告・連絡・相談の
時間を決めて実施する

謝罪

三流は、ごまかし、二流は、スルーし、一流は、どう謝罪する？

「謝罪は難しい」と感じている人も多いかもしれません。が、私は**素直に謝ってしまうことが一番いい**と考えています。

会社員時代に、私が、素直に謝る大切さを学んだ瞬間がありました。

当時、私は営業部長で、遅刻にめちゃくちゃうるさかったんです。朝礼は、その日の心の状態づくりに必要だと考えていたので、とても大切にしていた場でした。

そんな私があるとき友人と酒を飲み、寝坊して遅刻をしました。目が覚めたら、始業時間が始まっていたんです。普段の私が言っていることからすると、「ふざけるな嶋津！」というような状況です。

信用信頼がガタ落ちになる。猛反発を食う。信用されなくなっちゃう……そういうことを頭に浮かべながらタクシーですっとんでいきました。もともと気は大きくないほうです。もう事実を受け入れるしかないと腹をくくり、入口をガバッと開けた瞬間に土下座をして

「申し訳ない！　遅刻をした！」

と謝りました。もうそれしかない、それが一番いいと思ったんです。

その夜、たまたま社内の飲み会が入っていたので、気が重いものの謝罪の気持ちで部下一人ひとりに酌をしながら接していたら、ある部下から「今朝は嶋津さんらしいですね」と言われました。「なんで？」と私が尋ねたら、「一番偉いんだから、直行で立ち寄ってきたとか言いながら堂々と入ってきたら、皆、何も思わなかったですよ」と。

私が心から申し訳ないと思っていることを受け入れてくれたことがわかりました。それまでは体裁を整えて取り繕っていたタイプだったのですが、

「申し訳ない、僕のミスです」

「申し訳ない、能力不足でした」

と、事実を受け入れて、言い訳をせずに謝罪する大切さを学びました。

もちろん、説明が必要な場はあります。そんなときは

「じつはこれこれこうで、今回こうなっちゃったんだ。ごめんね」

と、**申し訳ないという気持ちとともに、理由を伝える**といいと思います。

つい最近、妻と喧嘩したんです。

喧嘩をしてもめ始めた時に、私はなんの考えもなく、反射するように、日頃妻から言われて嫌だなと思っていたことを言い返してしまいました。少し冷静になると、私が言われて嫌なことを彼女に言ってしまったことは本当に悪かったと反省しました。

「カッとなって、こういう言い方をしたことは素直に謝る。正直、いつもそういう言い方をされていたので、ここだと思って言ってしまったんだ。いつも言われていたから、仕返ししたかったんだと思う。仕返しするなんて子供だよね。ごめんね。

最初の一言はよくなかった。素直に謝るよ。でも、伝えたことは僕の思っていることだから、受け入れてほしいな」

悪いと思っていないことは、謝らなくてもいい。でも、悪いことについては素直に心から謝る。本音で話すためには、大切なことだと思います。

Road to Executive

一流は、悪いと思ったら素直に謝る

☑ 口先だけでなく、心から謝る

断り方

三流は、断り、二流は、遠慮してNOと言えず、一流は、どんなNOを言う？

一流の話し方では、NOを言っても嫌われない、むしろ好感をもたれるんです。

人は、「失礼と思われたくない、嫌われたくない」と思うので、できるだけNOと言うのを避けようとします。でも、非効率的なことを退けるためには上手に断ることも必要です。では、どうやって上手に断ればいいのでしょう。

上手に断るためには、まず、期待に応えられないことを素直に謝りましょう。そして、相手が納得できる理由を説明して、応じられないことを告げます。そして断りを受け入れてもらうためには、代替案を出せるとなおよいでしょう。

「飲みに行こうよ」

と同僚に誘われた時、都合が悪くて行けないのではなく、行きたくない。でも嘘をつくのは不誠実だから、嘘をつかずに断りたい。それなら、

「あ、ごめんなさい（要求に応えられないことを謝る）。用事があって。都合が悪いんだよね（自分なりの用事がある、都合が悪い）」

そして、別の日なら行ってもいいなと思うなら、

「翌週のいつならどうかな？」

と代替の日を提案する。別の日でも行きたくないなら、

「また機会があったら誘ってね」

と言えばいいだけの話です。

ちょっと面倒な仕事を頼まれて断りたい時でも、

「ダメですダメです、できません」

「え、私の仕事なんですか？」

と言うと、上司も人の子。腹が立ちます。「できない」という結果だけを告げられるのは、気持ちのいいものではありません。でも、

「すみません、今この仕事を抱えていて、余裕がないんですけれど、その仕事を優先しなければならないのなら、今のこの仕事を少し遅らせてもいいですか？」

期待に応えられないことを謝り、できない理由を説明する。そして、**新たな解決策を提示して確認**すれば、結局引き受けなければならなくなっても、少なくとも自分の仕事量がオーバーすることはありません。

それは違うんじゃないかと思った時でも、

「さっきのあれさ、俺だったらこうやるかな。参考になったらいいんだけど」

と、**自分のための「Ｉメッセージ」ではなく、相手のための「ｙｏｕｒメッセージ」**にして、参考にと差し出して、気づいてもらえるように伝えれば、カドが立ちません。

明らかに自分の方が知識があって、自信があるときなら、はっきり違っていると言ってもよいでしょう。そのときも、相手に決裁権を委ねると、ＮＯが受け入れやすくなります。

Road to Executive

一流は、NOと言うのもうまい

☑ 断る時も、相手に納得してもらう

基軸をもつ

三流は、現状に甘んじ、
二流は、自分本位、
一流は、どう努力する？

私の苦い経験をお話ししましょう。

24歳の時、トップ営業になり、同期で一番にマネージャーとなったんです。初めて部下を持った私はやる気満々で部下を指導して、叱咤激励しながら部下たちを奮い立たせました。その結果、好成績を納めました。

自分では厳しく指導しながらも、終業後には一緒に飲みに行っていろいろ話をするなど良好なコミュニケーションが取れていたと思っていたのです。

ところが徐々にチームの営業成績が振るわなくなってきて、私は、部署の雰囲気が悪くなっていることに気づきました。

そして、ついに知ってしまったのです。営業に出ていたはずの一部の部下が、喫茶店で朝、モーニングを食べながら、サボっていることを……。

自分のコミュニケーションのまずさに、初めて気づいたのはその時でした。

25、26歳の頃で、50人近くの部下をもち、戦略やマネジメントのノウハウなどさっぱりわからずにマネジメントをやっていたので、営業会社独特の文化もあって、パワーマネジメントに逃げてしまっていたのです。あとで振り返ると、私はまさに傲慢そのもの。それなのに、良好なコミュニケーションができていると勘違いして、自己満足に陥っていたんです。

コミュニケーションを改善するために、私はガス抜きのための悪口大会を企画して、会社や私に対する不平不満を率直に話してもらいました。

この経験で、私は自分がマネジメントの軸を持っていないことに気づきました。

メンバーが困るのは、リーダーに基軸がないことです。基軸とは、原理原則、大切にしている価値、信条、理念、ビジョン、目的観のようなものです。そして、**リーダーとして大事なことは、自分の内に基軸を持ち、そうした基軸を普段からメンバーに語り、共有しておくこと**です。

コミュニケーションギャップを埋めるために、私は、「共通する認識（基軸）をもつ」というマネジメントポリシーを掲げました。そして、自分とチームのメンバーがお互いに求めていることをはっきりと伝え合えるように、コミュニケーションを密にとって、基軸を共有することを心がけるようになりました。メンバーの話に耳を傾けるというよりも、基軸を共有して、「軸から外れたら遠慮なく言ってくれ」と話したのです。

コミュニケーションにはゴールがありません。良いコミュニケーションがとれていても、毎日、より良いコミュニケーションをとるための努力を続けなければならないんです。

現状に甘んじていると、三流のコミュニケーションしかできません。しかし、いくら努力をしていると思っていても、自分本位なものの見方や伝え方をしているのに、うまくできていると勘違いするのは、二流のコミュニケーションです。

「俺はちゃんとできている」と思い込むことほど、恐ろしいことはありません。

人からのフィードバックに素直に耳を傾けて、謙虚に努力を続けることが大切なのだと学びました。

Road to Executive

一流は、基軸をもって語りかける

☑ 謙虚に努力を続ける

ゴール
イメージ

三流は、指示を出し、
二流は、自己満足で話し、
一流は、不安に対して何を語る？

人に何かを任せる時や指示を出す時、やってほしいことだけを伝えていませんか？「この郵便物をポストに投函してきて」くらいのことなら、それでいいのですが、もっと複雑で人によって受け取り方が違うようなことだったらどうでしょう。

未来が見えないなかで動いてもらうためには、共有すべきイメージが2つあります。一つは**ゴールイメージ**で、これは**ゴールテープを切った向こうの景色**です。もう一つは**プロセスイメージ**で、これは**ゴールテープの手前の景色**です。

人がなぜ不安になるかといえば、それは見えない未来に対して不安になるのです。例えば年金問題は、将来の生活に対して見通しがつかないから不安になるのです。もし

100億円持っていたら、不安にはならないはずです。

つまり、人に何かを任せるときや指示を出すとき、相手に疑問や異論、不安があるときは行動力が上がらないので、**ゴールイメージを明確にする必要がある**のです。人の行動は、イメージに依存していて、イメージの強さが行動を決めているからです。ゴールイメージを共有していないと、何をなしとげるのかがわからない、目隠しをされて手探りで目的地に向かうような状況です。

ゴールイメージが共有できていると、指示が曖昧なときでも、こういうふうにしたほうがいいのではないか、とその都度、自分で考えて動けるようになります。ゴールに合わせた判断ができるということです。

ちょっとしたワークをやってみましょうか。

ハイキングで登れるような手近な、標高1000メートルもない山を思い描いてください。東京近郊だったら、高尾山くらいの山です。

あなたはこれから、その山頂まで登ります。山頂まで登ることをイメージしてみてください。登った経験があるかどうかで、イメージの具体性は変わるでしょうが、それほど難しくはないでしょう。

次に、エベレストを登ることをイメージしてみてください。どれくらい具体的にイメージできるでしょうか？

散歩のついでに富士山に登った人はいません。登山のイメージを描いて、「これなら私にもできそうだな」と思わせることが大切なのです。

ゴールイメージも似たようなものです。経験や知識が多ければ、簡単な指示でもゴールがイメージできますし、そのゴールへ辿り着くこともそう難しいことではないでしょう。例えばコピーをお願いするときには、お互いに経験があることなので、詳細に完成イメージを伝える必要はないですよね。逆に知識も経験もないゴールへは、どうやって辿り着くのかイメージすることすら困難です。いくら「がんばるぞー！」「俺たちならできる！」と鼓舞されても、それだけではまったく辿り着ける気がしません。

つまり、何かを任せたいときには、指示を出すだけでなく、思いを語るだけでもなく、ゴールイメージを共有することこそが重要なんです。

人は、イメージできないことは実現しにくいものです。だから、目標は誰もが間違いなくイメージできるくらいまで、具体化すると良いでしょう。

ある時、目標を持てなくて、やる気もない部下にがんばってもらうために考えた結果、思いついたのは、彼は車が好きということでした。そこで、

「車好きだよね？　乗りたい車あるの？」

と聞くと、

「ベンツに乗ってみたいですね」

という答え。そこで、

「じゃあ、今度の土曜日に田町駅で待ち合わせね」

と言って待ち合わせし、ベンツのショールームへ行って、

「どれがいい？」

と、彼に試乗車を選んでもらい、実際にハンドルを握らせてドライブしました。

「どうだった?」

と尋ねると、

「いやー、いいっすね!」

「じゃあ、これ買おう」

そして、いくら必要か、何歳までにほしいか、毎月いくら貯金するか、いくら給与が必要かと、ベンツ購入の計画を立ててもらい、自分がそのベンツに乗るイメージをもった状態で仕事に取り組んでもらいました。これは、ゴールイメージに実際に目で触れ、体で触れてイメージを強化した例です。

ゴールイメージが具体的に描けるようになると、やる気がなかった人のモチベーションを上げることもできるのです。

Road to Executive

一流は、ゴールイメージを大切にする

☑ ゴールを具体的に疑似体験させる

ビジョン

三流は、目標だけ、二流は、目標と目的を語り、一流は、何を語る？

これはリーダー論でも重要なポイントになることですが、周囲の人をまき込み動いてもらうためには、**ビジョンを共有すること**も、とても大切です。

ビジョンというのは、単なる目標や目的だけをいうのではありません。

例えば、「売上いくらを目指す」「この商品をいくつ売るぞ」「成約を何%増やすぞ」というのは目標ですが、この目標を掲げるだけでは、なかなか人を導くことはできません。人は、目標だけでなく、目的で動くものだからです。目的とは、その人なりの行動する理由です。**目標とは目的を達成するための、手法の提示に過ぎないのですが、目的は行動の理由となるものです。**

ダーツの「的」には、点数の「標」がありますよね。でも、「的」がなければ「標」である点数もつけられないし、そもそも、ダーツという遊びも成立しません。目的なくして目標はないんです。

では、ビジョンとは何でしょう?

彼は今日、青森から列車に乗ります。その「目的」は、東京にいる彼女にプロポーズするためです。「目標」は、今日の午後7時に東京駅に着くことですが、彼の「ビジョン」は、「プロポーズを成功させて彼女とアメリカで幸せに暮らすこと」なんです。

つまり「ビジョン」とは、「目標」や「目的」のさらに先にある理想の姿をいうのです。

「ビジョン(理想の姿)」に到達するためのマイルストーンとして「目標」があって、その背後には行動の動機としての「目的」があるわけです。

リーダーは、目標というマイルストーンごとの結果を部下に求めます。それは間違っていません。目標を達成することは、理想にたどりつくためには正しいことなんですが、残念ながら部下は、結果を求めているのではないんです。部下は、もし結果を出したらその向こう側に自分の求めている何があるのかを知りたがっています。

この本でたとえると、「一流の話し方ができるようになる」というのは、目標です。その目的は必要な行動を相手から引き出すコミュニケーションをすること。そして、ビジョンとは、コミュニケーションの改善によって、読者の皆さんに幸せな人生を手に入れてもらうことなんです。

194ページで、基軸を持つ大切さについてお話ししました。

基軸の一つがビジョンです。

ビジョンを自分の内に持ち、普段から周囲に語り、共有しておくことは、周囲をまき込む上で、とても大切です。ビジョンの共有を常日頃行なっていれば、もし、スピード感が求められる仕事があって、頻繁に戦略が変わっても、

「○○って言ったけど、その背後にはいつもと変わらない軸がある」

と、周囲が気づくことができ、納得して動くことができるからです。

Road to Executive

一流は、ビジョンを語る

☑ ビジョンという理想の姿が
イメージできるように話す

メリットの提示

三流は、自分のメリットを話し、二流は、相手のメリットを話し、一流は、何を提示する？

Chapter 1で、クレクレ星人のコミュニケーションでは、なかなか有益なものは得られないとお話ししました。自分が得たいものと同等の価値あるものを相手に差し出さなければ、有益なものは得られないものです。

そこで、周囲をまき込みたい時は、**相手のメリットに加えて、成果というゴールの向こう側の景色を見せる話し方**が必要です。

仕事などで協力者を求めるなら、７つのステップで具体的に考えるとよいと思います。

(1)　今、自分が求めている成果を明確にする
(2)　その成果を出すために何をしなければいけないかを考える
(3)　しなければいけないことに対してどんな能力やスキルが必要かを考える

(4) 自分にしかできないこと、自分にできないこと、自分じゃなくてもできることを区別する

(5) 組む相手を考える（「自分にしかできないこと」以外を誰に任せるのかを考えて協力者を書き出す）

(6) 協力者に与えられる価値を考える

(7) 相手に提案するストーリーを話す準備をする

ポイントは、協力者のメリットを具体的に提示することです。つまり、自分が得たいものに対して、同等の価値あるものを差し出さなければ協力を得にくくなる。今すぐでなくても、相手が想像できる価値あるものを提示することで、協力が得やすくなるのです。また、(5)については、指示・命令や権威だけでお願いできる場合もありますが、たいていの場合は人間力やメリット・デメリットで協力を得られるかどうかが決まります。特にビジネスでは、メリット・デメリットで判断されてしまうことがほとんどです。

また、ゴールとして、「あなたが協力してくれたら得られるものはこれです、それを手に入れたらこんないいことがあります。わたしにもこういうメリットがあります」というストーリーを組み立てます。さらに、その成果の向こう側のビジョンとして、社会・組織・

顧客など、自分たち以外への貢献ができることも話します。

「僕と君がこうしたら、○○という貢献ができるんだよ」

「○○さんと私が組んでこういう成果をだせたら、うちの組織はこんなによくなると思わない？」

なんて話し方をすると、これから二人でやろうとしていることは二人の利己ではなく、社会的意義があるというイメージが具体的になりますね。

なぜストーリーにして話すのか。人は強くイメージできたことほど、モチベーション、行動力、やる気が上がるからです。ストーリーとは、そのイメージ設定です。ちなみに、スタンフォード大学の研究によると、ストーリーは63％が記憶できるが、データは５％しか記憶できないとか。

プロセスが登山中のイメージ、ゴールイメージは富士山頂からの景色のようなもの。ゴールの見通しがつけば不安も減ります。

相手の中にイメージを作ることができれば、行動に移しやすくなるのです。

Road to Executive

一流は、社会的意義を語る

☑ 常に周囲への貢献を意識する

おわりに

この本を読んでくださるあなたは、よりよいコミュニケーションをとれるようになりたいと考えていると思います。この本には話し方のスキルアップの方法を記しましたので、早速実践しようと考えてくださる方もいらっしゃるかもしれません。

その時、大切にしてほしいことが一つあります。それは、あなたらしさを大切にして、本音で話してほしいということです。


AさんとBさんという二人の友人がいます。

Aさんとは長いお付き合いですが、話をすると、「この人は、どうしてこうも話しにくいのか?」といつも思ってしまいます。

Bさんとは話をしていて、「この人は、どうしてこんなにも話しやすいのか」と感じます。

二人の違いを考えてみたところ、根本には、本音で話しているのか、それともスキルで話しているのかという違いがあるとわかりました。

Aさんは、コーチングスキルか何かを学んだらしく、相づちは
「素晴らしいですね！」

「さすがですね！」

とやたらほめてばかり。そのうえ、

「○○についてはどう考えますか？」

「あなたはその時どう思いましたか？」

と、やたらと質問ばかりするのです。


私自身もスキルを教えることもあるので、スキル自体は否定しません。しかし、スキルを意識しすぎてわざとらしく使いすぎると、本気度や誠実さ、自然体のその人らしさがなくなってしまうのです。

一方、Bさんとの会話は、一方的に話したり、一方的に聴いたりせず、会話のキャッチボールがあります。ほめる場合も、そのキャッチボールの中から自然にうまれてくるのです。本音でのコミュニケーションだからでしょう。

この本でお話ししたことをあなたの成果に変えるための方法は、次の2段階です。

一つ目は、まず行動すること。学んでも、あなたが実際に行動しない限りは、成果にはなりません。

そして二つ目は、日々、反復することです。たとえ行動に移せたとしても、三日坊主では成果をだせるようにはなりません。ものごとはすべて、上手くなるためには訓練が必要です。スポーツがそうであるように、ビジネススキルも、話し方のスキルも、鍛えるには訓練が必要なのです。

あなたがこの本で学んできたことは、私のノウハウに過ぎません。それをあなたの現場に持ち帰って、トライアンドエラーを繰り返しながら、あなた自身のノウハウとして、あなたらしさを加味して変換していかなければ、あなたのスキルとして身につかないのです。

その理由は、「人間」という不確定要素がからんでいるからです。人はそれぞれ、能力も、性格も、周囲の人との関係性も、違っています。そうした不確定要素のなかで、何も調整せずに使えるノウハウなどありません。使えるノウハウにするためには、あなた自身にマッチして上手く使えるように調整する、変換作業が必要なのです。

例えば、料理教室でレシピをもらって、家に帰ってから同じものを作ろうとしても、どこか違ったものになってしまいますよね。それは、技術の違いだけでなく、家のキッチンの環境と、料理教室の環境の違いがあるからです。素材も違いますし、用意された調理器具、もしかしたら水の質の違いもあるかもしれません。そこで、自分の環境で何回も失敗を繰り返しながら料理して、少しずつ、美味しくなるための工夫をしてみて、ようやく同じような味を再現できるようになっていきます。

スキルも同じなんです。習ったからといって、自分の環境に合わない状態でスキルを使ってみても、ぎこちなさが勝ってしまいます。習ったスキルを試すために、思ってもいないことを口に出すのではなく、あなたの環境に合ったこと、つまり本当にそう思ったことを口にすると良いんです。

スキルを試すためにほめなきゃいけないと思っていると、そう思っていないのに口先だけで「すごいよね」「イケメンだね」なんて言ってしまいます。そういうのは相手にはすぐにバレてしまいます。「よくやってくれたね」「がんばったね」と、そのときに思った事実を素直に口にだしていくことが練習になります。

世の中に、英語が上達するとうたったテキストはたくさんあります。でも、読んだだけでは英会話ペラペラにはなりません。それは、著者のノウハウとして学んだだけだからです。実際に自分が話してみて、自分のノウハウとして変換していかなければいけないんです。だって、日常会話で「This is a pen.」なんて話す機会はほとんどないでしょう？　あったら日本中の人たちが英語ペラペラになっているはずですもんね。

一流のコミュニケーションを学ぶことはすばらしいことです。でも、人間臭くない会話、わざとらしい表現、意識しすぎたスキルの多用は、相手を不愉快にしてしまうこともあります。一流の話し方を目指すなら、あなたらしく自然に話すところから始めてみましょう。

一流の話し方は、スキルをさりげなく利用し、自分らしさを大切にすることです。

読者【無料】プレゼント！

リーダーの「スピーチ力」アップ講座

【全18回】

社会人になると、何かと人前で話をすることも増えますよね。そこで、読者のあなたに、本書では書ききれなかった内容を盛り込んだ**「全18回」にわたる「話し方」メール講座を【無料】でプレゼント**いたします！

- **できるリーダーは「話し方」の何が違うのか？**
- **魅力ある話し方・伝え方とは？**
- **「あがり症」をコントロールするためには？**
- **人前で話をすると、なぜリーダーシップが身につくのか？**

など、一流の「話し方」を身に付けたい方はこちらから

プレゼント申し込みフォームのURL
https://brutality-ex.jp/fx39384/oy9ORo

※本特典は、予告なく終了することがあります。

[著者]

嶋津良智（しまづ・よしのり）

一般社団法人日本リーダーズ学会代表理事　リーダーズアカデミー学長
もっと‘稼ぐ’組織を作る「上司学」「組織づくりの12分野」メソッドの開発者である第一人者。

大学卒業後、IT系ベンチャー企業に入社。同期100名の中でトップセールスマンとして活躍、その功績が認められ24歳の若さで最年少営業部長に抜擢。就任3ヶ月で担当部門の成績が全国ナンバー1になる。

その後28歳で独立・起業し代表取締役に就任。M＆Aを経て2004年52億の会社まで育て株式上場（IPO）を果たす。

2005年 次世代リーダーを育成することを目的とした 教育機関『リーダーズアカデミー』を設立。

2007年 シンガポールへ拠点を移し、講演・企業研修・コンサルティングを行う傍ら、顧問・社外役員として経営に参画。業績向上のための独自プログラム『上司学』が好評を博し、世界16都市でビジネスセミナーを開催。延べ50000人以上のリーダー育成に携わる。

2013年 日本へ拠点を戻し、一般社団法人日本リーダーズ学会を設立。

「上司学」をさらに進化させた新メソッド「組織づくりの12分野」を開発し、世界で活躍するための日本人的グローバルリーダーの育成に取り組む。

主な著書としてシリーズ100万部を突破しベストセラーにもなった『怒らない技術』をはじめ『あたりまえだけどなかなかできない　上司のルール』『だから、部下がついてこない！』、『目標を「達成する人」と「達成しない人」の習慣』などがあり、累計150万部を超える。

これまでの主な役職
・一般社団法人　日本アンガーマネジメント協会　理事
・内閣官房「暮らしの質」向上検討会第一分科会長
・内閣府　避難所の確保と質の向上に関する検討会　委員
・セミナーズアカデミー 学長
・早稲田大学エクステンションセンター講師

話し方の一流、二流、三流

2023 年 4 月 18 日 初版発行
2023 年 6 月 14 日 第 11 刷発行

著者　嶋津良智
発行者　石野栄一
発行　明日香出版社
〒 112-0005 東京都文京区水道 2-11-5
電話 03-5395-7650
https://www.asuka-g.co.jp
印刷・製本　シナノ印刷株式会社

ISBN 978-4-7569-2267-0